传心揖『字』

——识字教学辑录

王旭信　夏沁雨 / 主编

吉林人民出版社

图书在版编目（CIP）数据

抟心揖"字"：识字教学辑录 / 王旭信，夏沁雨主编.—长春：吉林人民出版社，2023.9

ISBN 978-7-206-20613-9

Ⅰ.①抟… Ⅱ.①王…②夏… Ⅲ.①识字课—教学研究—小学 Ⅳ.①G623.222

中国国家版本馆CIP数据核字（2023）第204046号

抟心揖"字"：识字教学辑录
TUAN XIN YI ZI：SHIZI JIAOXUE JILU

主　编：王旭信　夏沁雨　　封面设计：李　娜

责任编辑：刘子莹

吉林人民出版社出版发行（长春市人民大街7548号　　邮政编码：130022）

印　　刷：长春市昌信电脑图文制作有限公司

开　　本：787mm×1092mm　　1/16

印　　张：12.75　　　　字　　数：207千字

标准书号：ISBN 978-7-206-20613-9

版　　次：2023年9月第1版　　印　　次：2023年9月第1次印刷

定　　价：58.00元

如发现印装质量问题，影响阅读，请与出版社联系调换。

编 委 会

主　编：王旭信　夏沁雨

编　委：陈奕媚　房　蓓　黄　丽　李洁娥

　　　　廖雪云　秦　政　饶红群　双莉华

目 录

上 篇 教学理论

下 篇　教学设计

上 篇

教学理论

教习小学生汉字书写的育人价值

王旭信

《书断》记载："古文者，黄帝史仓颉所造也。颉首有四目，通于神明，仰观奎星圜曲之势，俯察龟文鸟迹之象，博采众美，合而为字。"《荀子》记载："好书者众矣，而仓颉独传者，壹也。"说明在上古就有人喜欢书写汉字了。

一、汉字书写的育人价值

（一）传承优秀文化，激发爱国热情

作为中华文明结晶四书五经之一的《周礼》记载："养国子以道。乃教之六艺，一曰五礼，二曰六乐，三曰五射，四曰五御，五曰六书，六曰九数。"由此可见，汉字书写教学已融入中华民族血脉，成了中华文明的特征基因。

著名书法家刘炳森说过："写字的意义已超过写字本身，完全可以上升到对民族文化的感情、认知上去。"汉字书写教学不光是写字，它关系到民族传统文化的继承和发扬，关系到民族认同、国家认同。

（二）形成良好习惯，有益身心健康

古人云："从学不若从书始。"古人通过汉字书写来调理性情，通过汉字书写培养学童的求学习惯。急躁、浅尝辄止是练不好书写的，通过书写可以使小学生养成平心静气、认真端正的学习态度，养成持之以恒、聚沙成塔的学习习惯。

包世臣在《艺舟双楫》中说："习书时先要澄神静虑，然后落笔；挥毫时

全身用力，徐疾有止，行而有序，动而不劳，有助疏通人体经络，运行气血，大益健康。静中有动，动而不乏，动静乐寿，实乃书法养生之理也。"练习书写既要身体端正，又要心平气和，静中有动，动中有静。长期坚持不仅可以怡神静气，而且能从中收获快乐，使人身心都得到益处，健康长寿。

（三）提升学识修养，促进道德情操

通常教师在指导书写的时候，会有意识地选择文质兼美的名家名篇、名言警句作为书写内容。俗话说，好记性不如烂笔头。长期书写这些内容，不仅可以增加语言积累，还得到了良好的思想教育。

柳公权有句："用笔在心，心正则笔正，笔正乃可法矣。""作字如做人"，教师在教学生临摹王羲之的《兰亭集序》时，也让学生看到了王羲之"天朗气清"的豁达胸怀；在欣赏颜真卿的《祭侄文稿》时，颜真卿为人刚正，胸怀磊落，忠义之气扑面而来。这些都可以在潜移默化中陶冶学生的道德情操。

由此可见，从文化传承的高度落实提升小学生汉字书写能力，已经形成了自上而下的社会共识。

二、教习汉字书写

（一）汉字书写是语文课程的重要组成部分

"语文"在《现代汉语词典》里释义为：①语言和文字；②语文和文学的简称。既然文字是语文的重要内容，那么写字教学就成了语文教学的重要组成部分。

中华人民共和国教育部制定的《义务教育语文课程标准（2022年版）》学段要求中，把识字写字作为重要内容单独说明。《教育部关于中小学开展书法教育的意见》（教基二〔2011〕4号）指出："书法是中华民族的文化瑰宝，是人类文明的宝贵财富，是基础教育的重要内容。通过书法教育对中小学生进行书写基本技能的培养和书法艺术欣赏，是传承中华民族优秀文化，培养爱国情怀的重要途径；是提高学生汉字书写能力，培养审美情趣，陶冶情操，提高文化修养，促进全面发展的重要举措。"

（二）小学生汉字书写存在的问题

1. 纸笔工具性弱化

教与学现代化工具层出不穷，技术日新月异，事实上的"无纸化"办公、多媒体学习、汉字键盘或语音录入已严重影响汉字手笔书写频次。纸笔已从主要的书写工具弱化为次要的书写工具。最典型的例子就是有了手机短信，就极少有人手写书信了，更不要说微信、抖音等社交媒体的冲击。在具体的教学中，自从有了电脑多媒体辅助教学，教师多采用课件（PPT）或者微课教学，板书范写就变成可有可无。

2. 缺乏整体设计

事实上，在《义务教育语文课程标准（2022年版）》学段教学"识字写字"目标中已有明确要求。分解见表1。

表1　小学阶段汉字书写具体要求一览表

年级	基本功	双姿	书写工具	书写要求	审美鉴赏	其他
1—2年级	硬笔基本笔画、常用的偏旁部首，笔顺规则、间架结构	姿势正确	硬笔（铅笔）	规范、端正、整洁	感受汉字的形体美	—
3—4年级	硬笔书写正楷字、毛笔临摹正楷	姿势正确、良好的书写习惯	硬笔（钢笔、圆珠笔等）、毛笔	规范、端正、整洁	感受汉字的书写特点和形体美	每周一节专门写字课
5—6年级	硬、软笔书写正楷字	姿势正确，良好的书写习惯	硬笔（钢笔、圆珠笔等）、毛笔	行款整齐，力求美观，有一定的速度	体会汉字的优美	每周一节专门写字课

但在具体的实施中，一些教师没有做系统的年段教学内容安排，练习过程缺乏层级设计，使学生得不到系统完整的训练。许多学校在落实语文课程目标的时候出现了偏差。虽然开设了用于专门练习书写的写字课，但往往被教学应试内容挤占。有些学校虽然上了写字课，但没有相应的写字课教学大纲和相应的课堂教学评价标准作指引，往往流于形式，达不到教习书写技能的效果。

在发达地区的学校虽然配备了专业书法室，但利用率不高，仅作为书法社团活动场所。

3. 缺少专业教师

周王朝的官学要求学生掌握六种基本才能，即礼（礼仪）、乐（音乐）、射（射箭）、御（驾车）、书（习字）、数（计算）。写字在当时是专门要求的一种基本才能。初置于唐朝的翰林院设有书写待诏，兼有专门为皇家教习书法之责。

现在的学校虽然课程计划里有写字课，但由于现在各类型高校（包括师范院校）极少开设书法专业，使专业教师配备受到影响。学校的书写课通常由语文教师兼任，大量20世纪90年代以后出生的教师，是开始受书写工具弱化影响的一代，整体写字能力比较差，不能很好地承担教习的职责。一些学校虽然配备了专职的写字教师（多由美术教师担任，写字能力不一定强），但配比远远达不到要求，勉强上节写字课，其质量可想而知。

（三）以教习的方式帮助学生练好写字基本功

1. 重视汉字书写育人价值

学校要摒弃唯学科分数论的教育短视思想，营造"端端正正写字，堂堂正正做人"的良好的汉字书写育人氛围。实施汉字书写教习指导，落实高效汉字书写课堂教学，形成学生写字评价体系，把写字能力纳入学生全面素养评价体系，达成"人人乐写，人人善写"的汉字书写教习效果。开展与汉字书写相关的主题活动，如："大美汉字""我是小书法家"，以及年度校园汉字评选与书写、书法家进校园等。充分利用汉字书写的育人价值，能够促进学生全面发展。

2. 整体设计汉字书写教习计划

根据表1"小学阶段汉字书写具体要求一览表"可以把汉字书写的要求，对应转化为学生的汉字书写练习行动。整体设计见表2。

表2　小学阶段汉字书写行动计划表

年级	基本功练习	双姿练习	书写要求	审美鉴赏	其他
1年级	书写基本笔画横、竖、撇、捺；书写常用的偏旁部首；初步了解笔顺规则和间架结构	握笔姿势全面过关	规范、正确，尽量少用铅笔擦	感受汉字的形体美	积极参加书写主题活动
2年级	书写折、钩、弯类笔画，如横折、横撇、竖折、竖弯钩；掌握偏旁部首书写要领；了解笔顺规则和间架结构	坐姿全面过关，学会书写准备，清理桌面	端正、整洁，不用铅笔擦	感受汉字的形体美	积极参加书写主题活动

续 表

年级	基本功练习	双姿练习	书写要求	审美鉴赏	其他
3年级	硬笔临摹名家字帖，每日书写结构类正楷字10~30字	双姿正确、良好的书写习惯	规范、端正、整洁	感受汉字的书写特点	观看一次名家示范
4年级	硬笔临摹名家字帖，每日书写结构类正楷字10~30字，毛笔临摹颜体正楷	双姿正确、良好的书写习惯	规范、端正、整洁，选择适合自己的书写工具	感受汉字的书写特点和形体美	观看一次名家示范
5年级	创作硬笔书写作品、软笔背临书写颜体正楷字	姿势正确，良好的书写习惯	作品美观，行款整齐	体会汉字的优美，与人交流对书写作品的看法	硬笔作品展示
6年级	练习硬笔行书书写作品、软笔创作正楷作品	姿势正确，良好的书写习惯	作品美观，行款整齐，硬笔书写有一定的速度	体会汉字的优美，欣赏名家作品	作品展示，交流创作体会

根据表2"小学阶段汉字书写行动计划表"可以循序渐进，逐步提升小学生汉字书写水平。

3. 提升教师专业水平

学校应制订教师书写能力培训计划，加强对教师三笔字培训，达到双姿标准、笔顺正确、笔画清楚、结体大方、周正干净的基本要求。

在达到基本要求的基础上，还要充分发挥教师的示范引领作用，如教师在上课的时候要敢于板书、敢于范写，如果教师的字写得漂亮，孩子们就会不由自主地跟着学。

4. 学生重在"习"

《周礼》把"书"当作"艺"，即"技艺"。技艺的习得，在于练习。在《现代汉语词典》中"教习"意为：教授学业，重在教练。"教学"意为：教师把知识技能传授给学生的过程，重在传授。而技艺的习得，非多练不可。

既然是"习艺"就要重视仪式感，古人沐手焚香，揖圣礼师，才研墨铺纸写字。书写后的废纸投"圣迹亭、惜字塔"焚烧。当然现在不必如此，但起码要郑重其事。比如，对写字工具的要求，苏东坡说过："明窗净几，笔砚纸墨皆极精良，亦自是人生一乐。"有条件的学校可以配置专门的写字教室，教室的布置一定要有所讲究，不要随随便便，否则学生也就随随便便了。

既然是"习艺"，便"非一日之功"可成，要有长远的训练计划。教师可根据学生身心发育、写字能力发展的情况，从基本笔画到构件到整字，从描到摹到临到创作，从规范到速度循序渐进，使其逐步提升。

既然是"习艺"，便要重视培养学生良好的书写习惯。从开始练习书写，就要时刻提醒学生握姿——空、转、活；坐姿——头正、肩平、腰直、坐满、踏实、舒展。做到"三个一"，即眼离书本一尺，胸离书桌一拳，手离笔尖一寸。密切关注学生课桌椅是否与学生的身高匹配。同时，使学生形成提笔即练字的习惯，并使之常态化。

谈有效教学中的科学识字方法

夏沁雨

在数千年历史的发展中，汉字形成了中华民族特有的文化，汉字变化的本身就是中华文化变迁的历史。识字教学不仅仅是教学生认识汉字，在教的过程中更蕴含着深远的教育意义。因此，科学地识字尤为重要。我国汉字意义内涵丰富，是形、音、义的统一，如果不了解字的构形、字义，语用就非常困难。因此，科学地识字能够提高学生的语文素养，增强学生民族自豪感，同时其表达内容的丰富性在传承中华优秀传统文化时起到至关重要的作用。

唐兰先生说过，中国文字的缺点是"难学、难写、难记、难用"。小学语文阶段识字教学的现状就是"难教、费时、低效"。由于缺乏科学的识字规律，识字教学收效甚微，学生写错字、用错字的频率仍旧很高。究其原因，是教师自身对汉字教学的知识储备不足，对汉字的理解不充分，不清楚学生的认知规律，导致教学上只重视方法的多样性，而忽略了方法的科学性。

为了提高识字教学的效率，解决课堂低效的问题，笔者在教学中经过长期探索，归纳总结出如下科学的识字方法。

一、科学的识字方法要讲究科学性

所谓识字方法讲科学，就是要在教学中注意儿童认知心理特点：低段学生的形象思维要强于逻辑思维。笔者抓住汉字起源于图画文字的特点，根据儿童的认知规律，在识字教学的过程中一般是让学生先观察到"形"，然后学习发音，理解字义，最后学会运用。这些环节其实是一个完整的学习过程，识字方法的科学性让学生的识字不只是识皮毛，也能领会汉字的精髓。

二、科学的识字方法要有系统性

汉字构形是系统的。由魏励先生编审的《汉字部首解说》对201个主部首进行了系统归纳，教师在教学中可利用部首构形，以提高学生的识字效率。例如：教师在进行"辶"的教学中，采用集中识字的方式，"辶"读chuò，古文字形同"辵"，本义为快步行走，引申为走走停停，因字形像奔跑的"之"，故称走之或走之旁。通过学习，学生知道了带有"辶"的生字多与行走义有关，如行走的动作"迎、送、进、退、追、逃"；行走的性状"迅、速、远、近、遥、达"；行走有关的事物"迹、道、途"。这样系统地归类学习，学生在识字过程中不仅能学会这个部首，还能举一反三地学习该部首的其他生字。

三、科学的识字方法注重高效性

小学阶段学生需认识3500个左右的常用汉字，而第一学段就得认识1600个字左右，几乎占整个小学阶段一半的识字量，因此第一学段的识字教学是语文教育的重中之重。要提高效率，就要采用科学的识字方法：在一年级《小猴子下山》这篇课文中需认识十二个生字，而有一半的生字都是跟"手"有关的动词，教师在教学中采取随文识字和集中识字相结合的方式，先设置情境"聪明的小猴子下山后用灵巧的小手做了哪些事？"，引出手部的"扌"和"龵"，再让学生从文中找出手的动作词"掰、扛、扔、摘、捧、抱"，其中重点讲解"捧"，学生明白了"奉"为"捧"的本义，由"奉"又引出手在下边的表现形式"廾"，从而认识了"举"字的形义；接下来又让学生联系生活补充带有手部动作的词"挑、拍、打、扑、抬"等，这样课堂的识字即使容量大，学生也能很快理解和接受。

四、科学的识字方法富有趣味性

小学生天性活泼，求知欲强，注意力集中时间短，如果课堂教学沉闷，枯燥地识字学习，学生很难有兴趣坚持下去，也就谈不上学习的效果。因此，识字教学要有趣味性。教师可以根据课文在教学的过程中围绕重点汉字巧设趣味情境，通过游戏、表演、展示、竞赛等活动来活跃课堂气氛。这样既可以达到巩固识记汉字的目的，又可以让学生体会到学习的快乐。

五、科学的识字方法凸显审美性

研究表明，爱美是人的一种天性，在学生识字过程中凸显汉字的形体美、音律美、文化美，能让他们通过获得美的情感体验而产生持久的学习动力。

让学生感受汉字的形体美。汉字衍生出了我国特有的书法文化，现代的汉字有不少都是从隶书、行书、草书这些书写变异而来的。笔者在平时的教学中，主要是对学生进行书法的训练，以及带学生进行书法的基本鉴赏。

让学生感受汉字的音律美。现代汉字是四声调，笔者在诗歌教学的过程中，注重引导学生发现韵脚的声调。平仄相间，学生诵读起来就朗朗上口，犹如音乐的旋律。在带领学生学习一篇好的文章时，笔者会让学生体会文中用词的精妙之处，感受文从字顺的阅读乐趣，感受文中富有音律的节奏美。

让学生感受汉字的文化美。在汉字教育中，把握汉字与中华文化的关系，树立汉字是中国传统文化基石的观念，引导学生更深刻地理解汉字的字理，是教学的一项重要目标。例如：表意文字形声字类别的演变过程，反映了历史文化内涵，如："尊"和"爵"在甲骨文和金文都是象形字，因此在教学中让学生先看字形的演变，"又"表示"手"，下面的"寸"本为"又"形，意为手持之，古人以酒器定位，后"尊"发展出"尊卑"之义，"爵"义为等级，而小篆中"寸"含法度之义，"尊"和"爵"改从"寸"，也适应了社会的发展。这样不仅可以认识汉字，也可以理解其中蕴含的文化。

识字教学不仅是以认识字为目的，更重要的是要通过教学过程让学生产生对表意汉字构造特点和使用规则的感受。在教学中，我们要帮助学生养成良好的学习习惯，通过科学的教学方法、合理的程序，引导学生在兴趣的基础上提高对汉字的理性认识。作为小学语文教育工作者，我们要把汉字奠基教育作为使命，为学生的终身学习奠定坚实的文化基础。

参考文献：

[1] 中华人民共和国教育部. 义务教育语文课程标准（2011年版）[M].
北京：北京师范大学出版社，2012.

［2］王宁.汉字构形学导论［M］.北京：商务印书馆，2015.

［3］魏励.汉字部首解说［M］.北京：商务印书馆，2015.

［4］金文伟，曾红，温莉.汉字教学常用字形义解析［M］.北京：中国财
富出版社，2012.

浅谈识字教学策略

夏沁雨

"一个汉字一个故事，一个汉字一段历史"，在几千年的历史长河中，汉字承载了光辉灿烂的中华文化，是中华民族的魂。汉字是一种方块形的意音文字，在漫长的发展过程中不断与时俱进，具有鲜明的时代特色，其蕴含的民族智慧和表达的生活意趣也成为汉字的密码。将汉字所反映的文化精神向学生展现得越清楚，学生就越容易理解和掌握，越容易感受到汉字的伟大、中华民族的伟大。教师基于学生生命成长的意义，以识字教学为载体，力图在学生生命成长轨迹中打上语言文字的厚重底色，以汉字为基石，使学生从小树立文化自信、民族自信。

《义务教育语文课程标准（2022年版）》小学阶段"识字与写字"有明确要求，学生需要掌握的汉字总共有3500个，且明确要求前三年完成大部分识字任务，第一学段要求的识字量是1600字左右，其中800字要求会写；第二学段累计认识2500字左右，其中1600字左右会写。三年级以后则主要是阅读和写作的学习，专项的汉字学习集中在第一学段。面对如此大量的汉字识记，我们需要教给学生学习汉字的方法，让学生喜欢汉字，喜欢学习汉字。在教学实践中，经过研究探索，笔者总结了以下识字策略，应用这些策略，学生识记汉字的效果显著。

一、引导学生独立识字

在识字教学中，应以学生自主学习为主，帮助学生养成主动识字的习惯，重点培养学生预习的能力。在第一学段，学生预习识字主要以"读、说"等口头表达或以画代写的美术作业来降低难度，激发兴趣；在第二学段，学生要真正认识汉字，就需从字的音、形、义三方面综合思考。为了加大学生的识字量，教师需要根据教材内容进行素材重组，让学生由简到难，循序渐进地掌握识字方法并自行找到规律。低段借助拼音、高段借助部首，使学生对汉字的音序、音节、部首、部件等更加熟悉，再结合文本的词语、句子理解词义，促使学生有意识地自主认识汉字。

根据胡韧奋等人的定量分析，3500个常用汉字中有2305个形声字，占65.9%。因此教学中，形声字识字法广泛使用，可以帮助学生从字的音、形、义三方面全面认识汉字，如左形右声"橄榄""蜘蛛"等，上形下声"芦苇"等。通过形声字的判断，学生既可以记住汉字，又能养成查字典的好习惯，这种自主学习所取得的效果是单靠课堂四十分钟学习所远不能及的，尤其到了中高段，学生的汉字学习也从教师主导过渡到自主学习。

二、引导学生在阅读中识字

识字的目的是能够"读"和"写"，在实际生活中准确运用语言文字。在"双减"背景下，一、二年级不布置书面家庭作业，机械地抄写生字、词语已经逐渐不能适应现代教学的要求。语言文字的学习，尤其是汉字的学习需要一定的书写训练，才能达到识文断字与汉字美育的结合。从近年的评价改革方向看，学生的思维能力和阅读能力是重要的评价指标。因此，引导学生在阅读实践中识字，进而在阅读实践中巩固运用语言文字应成为小学生识字教学的主要方法。

例如：课文《荷花》有"挨挨挤挤"一词，字面意思很好理解，就是拥挤，但是文中却赋予荷花灵性和人性，要让学生理解这种词语带来的文意之美，只需要带领学生反复读文，结合生活，再借助图片直观教学，引导学生在朗读中建立起抽象的文字符号与具体事物的联系即可。这种词语教学的方法既有利于学生积淀语感，又容易使学生进入文本情境，达到辞达意通，从而感受文字的魅力。

三、引导学生在情境中识字

一般来说，生字在课文中是分散的，如果识字教学把生字从文本中剥离，抽取出来逐一学习，那么学生不仅学习的积极性不高，而且费时低效。如果借助文本，把零散的生字整合在片段中，进行随文识字，学生的识字就成了扫除阅读障碍的过程；而且有了语境的支撑，学生的识字过程将成为有意义的识记，生字在相应的语境中反复出现，可以巩固识记效果。在教学中，教师可以引导学生找到生字词语在文中的意义关联，举一反三，牵一带二。

例如：《猜字谜》一课中，教学识记"晴"这个字时，教师可以引导学生关注谜面的描述；可以引导学生通过构字去想象"晴"的字义是什么；还可以引导学生感受天气，说句子，如"今天是个晴天，火红的太阳照着大地，我感觉很热"。

总之，识字教学不宜零打碎敲，应注重整合，利用文本素材、编写词串、编写语段等，目的都是为学生提供具体的语境，提高识字效率。因此，在语境中指导学生识字应成为中高年级识字教学的重要原则。

四、引导学生在积累中识字

学生的识字量大，必然会尽早独立阅读；而阅读量的扩大又促进学生识字量的增加，识字与阅读二者相互促进，相得益彰。低年级，教师进行绘本阅读、童话阅读指导，带领学生先喜欢阅读，借助插画理解故事。中高年级，教师在推广阅读的同时，开展"词海拾贝、成语集锦、格言警句、对联歇后语"等多个词语积累项目，并根据班级学生情况选择项目，制订积累方案，让学生完成积累量表，以组织竞赛或学生汇报等形式反馈学习效果。

中国语言博大精深，汉字内涵丰富，这些语言文化的积淀会对学生的气质和素养产生积极影响。需要注意的是，学生在积累诵读中遇到生字，不要操之过急，一开始就要求"四会"，即会读、会理解字义、会写、会用，这样不仅难度大，不利于识字量的积累，也会影响阅读兴趣。因此，学生学习汉字要有梯度，低年段刚开始要降低难度，学生阅读只需"两会"，即会读、会基本理解，这样便可以提高识字兴趣，拓展知识面，还可以减少生字回生率。

著名的语言学家张志公先生指出："无论阅读还是作文，首要的是字词。"识字教学的重要性不言而喻。总之，小小汉字有大学问。教师要充分发挥主导作用，结合学生思维发展规律，结合汉字的构字规律，调动学生的多种感官，使学生主动参与识字教学，鼓励学生大胆想象、积极实践，使学生获得成功的喜悦，提高学生的识字能力，帮助学生打好学习语文的坚实基础，从而更好地学习语文、运用语文。

小学低年级识字教学方法探究

陈奕娟

众所周知，在低年级语文教学中，识字教学乃众多教学任务中的重中之重。如何提高学生的识字量，提高学生的阅读效率，丰富学生的精神视野，一直是小学语文教师关注的热门话题。然而，以往的识字教学偏向于识记形、音、义。单从字的结构来看，我们可以用不同的方法来识字，若细细观察思考，我们会发现汉字蕴藏着独特的趣味、韵味，好像每个字都充满了生命力。

识字课中承载着厚重的中国传统文化：翻看书文，一篇又一篇朗朗上口的识字文跃然纸上，让人忍不住低吟几句，回味无穷；漫步字里行间，仿佛能看见稚气未脱的学子摇头晃脑背蒙学的身影。试问，孩子们留恋其间，怎能不为之感叹，为之痴迷呢？因此，我们在教学中要带领学生充分感悟汉字的无限内涵！

一、识汉字之文化内涵

（一）体会汉字的意境美

一个又一个方块字犹如一件又一件艺术品，融形、韵、义于一体，拥有无穷的魅力。汉字的丰富内涵不仅体现于字形，更体现在其富有深不可测的意境，能带给人以丰富的想象，让人听见文字背后的音韵。这些古色古香、声色俱全的汉字组合在一起，产生了无尽的变化，或挺拔如峰，或清凉如溪，或浩瀚如海，或凝滑如脂，诉说着古老而富有魅力的故事。

（二）体会汉字的韵律美

"韵"作为开启中国古文化的钥匙，像一串又一串密码，承载着一代又一代中国人那古老而有效的记忆。汉语的音韵美不仅有汉语的语音特征作为其物理载体，更体现出人类对音乐艺术之美的永恒追求。在部编版一年级教材中，几乎所有选编的课文都押韵，如：《人之初》《古对今》《动物儿歌》等。低年级的学生对具有韵律性的学习材料特别敏感，所以教师要不断引导学生朗读，让他们真切地体味汉语抑扬顿挫的独特魅力，从而感受语文的美。

（三）体会汉字的民俗美

民俗是传承文化中最贴近生活的一种，文字作为文化传承的载体，自然也是民俗文化的一个反映。例如：部编版一年级下册的语文教材，有课文反映社会生活的姓氏文化——《姓氏歌》。在教学中，我们可以融入姓氏的历史文化，如姓氏的象征意义、姓氏的来历等。教材中还有课文反映人民精神生活的字谜文化——《猜字谜》。利用汉字的造字规律，利用汉字音、形、义等方面的特点编选的字谜课文，显得既有趣味，又有文化内涵。这样的识字材料趣味性强，学生对此比较新奇，学习时也充满兴趣。

相较于一年级上学期，学生已经掌握了一定的识字方法，经过教师的不断强化，识字需要也更加强烈，教材也为学生们提供了丰富的识字材料以满足学生的需求，如构字能力极强的"青"字旁识字文《小青蛙》以及形声字韵文《动物儿歌》。此外，在部编版一年级下册教材中，识字教学更加集中化和系统化。教师可以在两个单元里集中讲授识字课，让识字方法的渗透更加循序渐进，也更加便于学生复习巩固，同时便于教师在这一过程中更加全面地将识字方法形成系统，在识字教学过程中不断帮助学生固化和落实各种识字方法。

二、识汉字之教学方法

在一年级下册教材中，识字材料更加具有中国传统味道，字里行间包含着文明古国悠久的历史，飘荡着一片浓浓的书卷香气。《三字经》《古对今》《姓氏歌》等识字文所勾画出的不再是简单的字形，更是一幅幅美丽的图画、一段段古老的记忆。

（一）观其形而现其义

"观"即观察，进而其产生的联想。教师要巧妙地引导学生去观察字形，使学生对识字产生浓厚的兴趣。在识字教学中，每一个汉字及词语的教学，都应该让学生透过纸背，与想象中的画面相遇，倾听远方传来的声音。

汉字丰富的意象，给予学生广阔的想象空间。例如：部编版教材一年级下册中的《春夏秋冬》一课，对于"春风吹"这个短语，我们可以让学生先想象："春风吹，吹在了你的脸上，你觉得怎么样？吹到了小草的身上，小草发生了什么变化？春风还会吹到谁的身上？"然后再观察"吹"字字形，原来"吹"要用上口，怪不得"吹"是口字旁。像这样，我们让学生把三个字读成几句话，把三个字读成一幅幅画。在这样的情境中，学生自然而然能够体悟到汉字的神奇魅力，并穿越时间、空间，与美丽的画面相遇。

（二）闻其声而现其形

"闻"即听。文字就像是凝滞的音乐，读之朗朗上口，抑扬顿挫，在听觉上是一种美的享受。在语文教学中，教师要让学生直面汉字，感受祖国语言的音韵美。孩子是天生的学习者，有韵律、有节奏的朗读特别能激发他们的学习兴趣。所以，教师要丰富朗读的形式，让学生在反反复复的朗读中细细体会汉语用词的特点。例如：《春夏秋冬》中的"池草青，山花红，鱼出水，鸟入林"这几个词就可以让学生在发现短语形式后进行不同形式的朗读。对于《姓氏歌》《古对今》《人之初》这类朗朗上口的课文，更应该进行多种形式的朗读。

（三）形相近而义不同

在汉语中，形声字是构字量最大的造字方法，浅显易懂，很适合让学生自己去发现、探索。例如：部编版教材一年级下册的《小青蛙》一文中的"清""情""请""晴""睛"都是由共同字"青"作声旁，加上偏旁派生出来的，它们就像兄弟姐妹一样，形似而神不似。

（四）近生活则趣味生

在识字教学中，教师应该创造机会，尽量贴近学生的现实生活，尽可能地让学生结合已有经验来学习，降低难度，减少陌生感。例如：部编版教材一年级下册的《姓氏歌》，很好地为学生创设了情境，让学生知道联系生活来记字。汉字的同音字多，在教学中，我们可以让学生用加一加、介绍偏旁、组词、名人介绍等方法介绍自己的姓氏。

汉字是中华民族优秀传统文化的重要组成部分。在教学实践中，不能让识字成为学生的负担，教师应利用不同的方法对不同类型的汉字进行科学有效地教学，同时渗透中华文化，让学生爱上汉字、传承中华文化。

小学低年级字理识字教学之我见

陈奕媚

识字教学是阅读和写作的基础，贯穿小学语文教学的全过程。《义务教育语文课程标准（2022年版）》对低年级学生认识1600个字也有明确要求。由于低年级教学对象是七八岁的儿童，他们年龄小、注意力集中时间短，而汉字的形、音、义是脱节的，这就构成了儿童学习汉字的难关。许多儿童害怕枯燥乏味的大量的机械记忆和练习，害怕学习。能不能把整个识字教学过程变为儿童主动发展智力的过程呢？这就要求教师根据汉字本身的特点，结合学习语文的规律和学生认识事物的方法，教给学生字理识字的方法，培养他们的识字能力，提高他们的识字效率，从而收到事半功倍的教学效果。

一、创设丰富多彩的教学情境，激发学生的识字兴趣

兴趣是吸引学生探求新知的思想火花，是培养学生创新思维能力的动力。低年级教材识字量大、内容枯燥，学生年龄小、自控能力差、有意注意持续时间短，如果教师在课堂中利用汉字本身的规律，借助形象化、趣味化的教学手段，创设丰富的教学情境，使学生乐于学习，识字教学就会事半功倍。

（一）利用故事、谜语、儿歌识字

低年级学生形象思维占主导地位，他们喜欢趣味性强的识记方法。教师可采用故事、谜语、儿歌、顺口溜的方法帮助学生识记生字。例如：学习"竽"这种乐器时，就可以联系"南郭先生滥竽充数"的故事来增强学生的识字兴趣。又如："圆、园、员"三个同音字不易区分，用儿歌来分辨就容易多了。"少先队员张小明，走进菜园摘南瓜，看见南瓜圆又大，小明乐得笑哈哈"。

（二）合理联想

汉字是联想的产物，只要掌握它的内涵和外延，就能产生无尽的联想。合理联想有助于汉字的记忆，教学时根据汉字联想一个场面，如："休"可联想到人累了，靠着树木休息；也可根据汉字联想一种心理活动或表情，如："怕"字，可联想到心理十分害怕，脸都白了。

（三）理解字意

汉字的最大特点是表意性。教师要掌握汉字这一特点，认真研究分析每个生字，注意汉字音、形、义统一的问题。例如："初"，由"衣字旁"和"刀"合成，意为裁剪衣料。裁剪是做衣服的开始，这就是"初"的本意，引申为"开始"。而"采"是用手去摘树上的果实。

二、教给学生字理识字的方法，使学生逐步形成识字能力

识字教学首先要完成教材要求的识字任务，逐步达到《义务教育语文课程标准（2022年版）》提出的要求，最终让学生形成独立的字理识字能力。学生如果掌握了识字的方法，就能独立识字和阅读了。

（一）部件识字，归类记字形

汉字的字形构成点就是一个整体，需要运用综合思维识记它。同时字形整体又总是由若干笔画或简单部件构成，这就需要运用分析的方法记住它。部件识字就是按汉字的部位名称来分析字形。它有三种方法：第一，部首加熟字法。第二，形旁表意法。例如：与树木有关的字，如椅、梅、桌、柜、桃等；与手的动作有关的字，如拉、提、挑、推等。这样的形声字很多，知道偏旁的意思，再看声旁，就大体知道这个字的读音和含义了。第三，数笔画法（多用于独体字）。教学中，教师可以提问学生哪些字是他们学过的字加部首组成的，哪些字是独体字等，然后把这些字分别归类，再利用部件识字法分类记字形，便于学生的掌握和理解。这样学生才会运用这些方法字理识记其他汉字。

（二）添减笔画识字法

汉字有许多形近字，很多字添笔画或减笔画后就成了新的字。例如"木"字加一横就是"本"字；"自"字减一撇就是"目"字；"目"减一横就是"日"字等。

（三）比一比、认一认，比较识字

利用汉字字形相似的特点，激发学生的有意注意，使学生通过比较分析记住字形也是一种灵活的识字教学方法。例如：教"力、由、午、子"时，可以问学生这些字和哪些字很像，用它们与"刀、田、牛、了"比一比、认一认的方法便能记住字形。

（四）加换部首识字法

例如：教学"青、睛、清、蜻"。学生开始学"青"时，教师可以让学生掌握读音"qīng"是表声。再教学"睛、清、晴"时，加部首或换部首说说怎样识记生字。"睛"跟眼睛有关，部首是目字。"清"跟水有关，部首是三点水。"晴"跟太阳有关，部首是日字。

（五）直观识字法

教师在教识字时应尽可能采用直观手段，激发学生的学习兴趣。直观手段包括实物、语言、动作等。例如：教"奶"字时，教师可以利用活动生字卡片来演示字的书写笔顺，有利于学生记住字形，书写时不易出错。教"笔"字时，教师可向学生出示毛笔：笔杆是竹子做的，所以是竹字头；笔尖用毛做成，所以下面是个毛字。又如，学习"抬、拉、踢、跳、蹲"等表示动作的字时，教师可以通过动作演示，让学生领会其义。学习"灭"字时，教师可以通过小实验来让学生识记字形，理解字义。这样识字，直观形象又记忆深刻。

（六）结合语言环境识字

汉字有一字多音、一字多义的特点，只是孤立地辨认识字，就不能准确把握字的音、形、义。因此，应把相同的字、词、句结合起来，在语言环境中识字。例如：教"长"字，教师可以让学生分辨它在"成长"和"长城"中的读音、字义，这样学生就可以很好地把握"长"字的音和义。

（七）合并成字识字法

汉字中有许多字是由两个不同的独体字或三个相同的独体字组成。例如："田"和"力"合成"男"字，"小"和"土"合成"尘"字，三"人"是"众"字，三"木"是"森"字。

（八）图画识字法

汉字中有一部分字是象形字，在教学这些字时，教师可以利用画图的方式加深学生的记忆。例如：教学"人、口、手"等字，教师就可以在黑板上分别画一个人、一张嘴、一只手，用直观教学来加深学生对汉字的理解和记忆。

识字的方法多种多样，字理识字教学法只是其中之一。不管采用哪种方法教学，都要让学生掌握识字的要领，让学生学会识字，提高学生识字能力，提高学生审美情趣，为他们终身学习打下坚实的基础。

高效识字中字义教学的必要性

房 蓓

小学低年级语文教学，重心在于识字。对于学生来说，识字是整个小学阶段的语文学习基础。只有具有一定的识字量基础，才能开展阅读和写作学习，提升学生语言文字运用能力。但是，如此重要的识字教学，却长久困于耗时长、效率低、反复错的被动局面中。为解决这一问题，一线教师和专家学者各显神通，提出了各式各样的识字方法。尽管理念和模式大相径庭，但其目标和举措都呈现出共同的特点：在一到两年内，通过集中识字快速掌握小学课表要求认识的生字；为尽快提高识字效率，普遍遵循"形音结合、略过字义"的原则，利用儿童图像记忆能力强的特点将生字"印"在脑中。从表面上看，忽略字义的方法的确能让学生在短期内识记较多的字，但是识字效率并未获得实际的提高。因此，高效识字不应忽视字义教学。

一、字义教学符合规律性原则

（一）造字规律

汉字作为汉语的书写文字，是世界上使用范围最广、活跃度最高的表意文字，更是现今仅存表义的文字。汉字区别于其他文字的最大特点就在于形、音、义一体，且三要素紧密结合。汉字从刻画符号发展至今，一直遵循着表意的原则。《说文解字》中曾将汉字造字的方法和理论归为六大类：象形、指事、会意、形声、假借、转注，合称"六书"。在这六种方法中，象形和指事造出基本字，其他四种是合体字，在基本字的基础上将形、音、义恰当组合构造，字和字之间关系紧密。因此，识字教学也应该遵循汉字的规律。低年级的识字教学可先从基础的象形和指事字学起，再学会意字和形声字。

结合汉字形、音、义一体的特点，识字教学也应该按照三位一体的逻辑关系。字义、字音大多以字形为基础，字形则是字义和字音的载体，而字形和字义的实际内涵在字义。可以说，字形教学是识字的关键，而字义教学却是识字的核心。

（二）认知规律

识字教学最终要达到的目标是让学生拥有自主识记汉字的能力，而不是简单的死记硬背，因此，符合儿童心理特征和认知规律的方法才能使儿童有可持续学习的能力。

儿童学习具有循序渐进的规律，需由简入繁，因此识字教学应从象形和指事字入手，再以基础字扩展开来，而不是单以笔画的多少判断难易。

字义教学能激发学生理解记忆的能力。相比图像记忆短时记忆快的特点，理解记忆更适用于长时记忆。理解记忆是指以理解学习内容为前提的记忆，这种理解包括对学习内容之间逻辑关系的理解，以及新旧知识经验之间关系的领会，实际效果远胜于机械识记。不论是利用编造儿歌、转化图形还是动作辅助，只有将字义作为知识内核，才能脱离机械识记的桎梏。通过同一个部件的内涵理解，串联起一串生字的识记。对字形既要知其然，更要知其所以然，从而减少反复巩固识记的时间，更能建立起有条理的汉字知识库，激活学生自主识字的能力。

二、忽略字义教学的弊端

（一）识记需要反复

忽略字义的识字方法大多是在汉字的形和音上大做文章，例如："自主识字"法，将象形字和实物图片联系起来，让学生把生字的信息以图像的形式储存在大脑里。这就利用了儿童图形记忆能力强的特点。但是图像记忆是一种短时记忆，一、二年级的学生记得快，忘得也快。一节课中记下了23个字，但是还需要在课后进行反复的识记巩固，和传统识字的流程大同小异，只是将识字的时间从课内搬到了课外。有的识字方法自编教材，将大量生字集中在一篇短文中，通过反复诵读将生字以模块的方式印记在学生头脑中，学生记住的不仅是一个字，还是课文中出现的词语。但是，在当堂的检验中就暴露出缺陷。比如，文中的词语是"创造"，生字是"造"，检验时出示词语"制造"，学生就直接忘记"造"的读法了。可见，这同样需要多次记忆，费时费力。

（二）易造成错别字

形、音结合识字主要借助的是图像记忆方法，记住的是生字大致的轮廓，方便学生在阅读中使用。既然是轮廓，学生对于汉字中各部件的精确细节记忆得就不那么深刻了，因此形近字的错误率极高，如："既"（完成，本意是吃完饭离开）和"即"（将要，本意是靠近桌子吃饭）。缺乏字义支持的识字，有时会用拼凑笔画的方法，但是同音字和独体字的错误率也较高，如："犭"的短"丿"易错写出头（象形图中该笔画代表的是犬的后腿），或出现"姓"写成"生女"的错误。

（三）影响阅读和写作的精准表达

汉字的表意特性及造字方法的多样性，使得现存汉字存在一字多义、近义多字的复杂现象。同样表示"看"，就有眺（虚着看）、瞥（快速看）、望（向远看）、顾（四周看）等多种表达。如果只是简单地编制儿歌来记住字形，字义不被学生所知，就会直接影响学生阅读的信息接收和写作的信息输出，闹出类似"站在山顶瞅向远处"的笑话。

不论是哪种识字方法，其目的都是尽快提高识字量，方便学生展开大量自主阅读。如果因为一时图快就放弃了字义学习，无异于杀鸡取卵，对提高阅读量作用有限，最终影响阅读能力。

（四）弱化文化内涵

汉字的生成经历了漫长的演变，记载了中华文化的发展历程，也是承载和传播中华文化的重要工具。《义务教育语文课程标准（2011年版）》在课程的总体目标中明确提出："认识中华文化的丰厚博大，汲取民族文化智慧。"汉字的字形和字义紧密联系，涉及中华传统文化的方方面面。有表现物质生活的："衤"组成的字大多和衣物有关，其甲骨文 描画出了衣的两只袖子和右衽，"初"就是用刀裁衣，制衣初始。还有表现制度文化的："姜""姬""姚""姓"等字有"女"部，说明中华文化起源于母系社会；"郑""郓""邵"等字有"阝"部，表示这些和封地有关，也能让相关的学生联想到自己的祖先。认识中华文化，在识字教学中就能自然而然地产生文化自豪感。而失去字义的阐释，就是失去和文化宝库的联系。

三、字义教学的运用原则

字义教学，不可避免地会对部分汉字追根溯源。教师或碍于专业知识的匮乏，或苦于使用方法的茫然，或囿于资料来源的不准确，多在日常教学中不自主地避免设计字义的教学。但是字义教学只要遵循几点原则，就能做到既给课堂增光添彩，又能减轻教师和学生的负担。

（一）讲解字义避免"一把抓"

低年级语文课堂中，字义的解释不必扩散到每一课的每一字中。即使是一年级的学生，在入学前就已经有了一定的识字量基础，生活中的常用字学生都能够较为准确地识记和使用，这些字就不必特意讲解释义，只需在练习中巩固即可，如："一""山""水""田""日""月"等。

（二）讲解易错字字义

字义之所以成为识字教学的核心，是因为字的用法和字形最终取决于字义。借助字义教学区分低年级学生易错的汉字，能起到事半功倍的效果。例如："礻"和"衤"就可从根本上区分。"礻"最早表示拜神祭天用的石桌（ 𝑻，甲骨文），后发现一条腿不稳，就在桌子两边各加一条腿（ 示，大篆）。由于"礻"和祭祀有关，所以带有该部首的字都与祈祷、神鬼等有关，如："礼""福""祝""祖"等。这样的解释就能将带有该部首的字与"袖""衫""衬""裙"等和衣服有关的字区别开。

（三）讲解广泛运用的部首

汉字历经长久演变，有不少基础字化为部首构造出一系列和本义相关的字。在识字教学中，抓住这些关键的部首，就能解决一串字的识记问题，学生在之后的自主学习中也能望文生义。例如："卩"（ 𝄞，甲骨文），原意是一人端正地跪坐，是一种规矩的坐姿。有这个部首的"命"和"令"在甲骨文中原是一个字（ 𝄞，甲骨文），跪坐的人头顶是屋顶或是伞盖，表示规矩地听令。"即"原指一人面向饭桌，正准备吃饭（ 𝄞，甲骨文）。有了对"卩"

字义的理解，就能串联起许多字的解释。

识字教学作为小学低年级语文教学的重点和难点，自然会吸引一线教师的大部分注意和"火力"，力求提高它的效率。但是识字方法无论怎么改革，汉字的字义教学都不能被主动舍弃。形为义载体，义为形内核，形、音、义三者任少其一都是对汉字的"降维打击"。因此，只有维护好字义教学的位置，才能使汉字完整，使识字教学有更长远的发展。

低年级字理识字教学有效策略刍议

房 蓓

识字教学一直是低年级语文教学的重中之重。自《义务教学语文课程标准（2011年版）》颁布以来，识字教学的地位更是到了新的高度。提高识字效率，不仅要认得多、记得快，还要提高准确性，在此要求下，运用字理的识字教学就得到了更多的关注和尝试。最早提出字理识字教学的是湖南岳阳市教育科学研究所的贾国均先生。他对字理这一概念进行了界定，提出字理是汉字的组构规律和汉字的构字依据，也就是汉字的构形理据，并指出：所谓字理识字是根据汉字的构字理据，运用汉字音、形、义的关系进行识字教学的方法。这种方法通过对造字方法（象形、指事、会意、形声、转注、假借）的分析，运用联想和想象等直观手段把握汉字的构造规律，从而识记汉字。该识字方法能够启发学生的思维，在头脑里构建汉字的音、形、义之间的联系，从根本上把握汉字，能有效提高识字效率。但是，字理识字教学也对教师提出了更高的要求，给识字课堂带来了新的挑战。因此，如何将字理识字教学效用最大化，提升字理指导的有效性？下面对这一问题进行探讨。

一、低年级字理识字教学现存问题

（一）忽略学情

1. 儿童身心发展特点

部分教师在进行字理识字教学时，急于对所有字进行析形解义，其中不乏较为复杂的指事字、会意字和形声字，字的本义和今义相差甚远。例如："未"的本义是象征树木枝繁叶茂，指六月的滋味，这就和现在的意思区别很大，越解释会越让学生疑惑。这一类字就不宜按照字理的理念讲解。根据皮亚杰的认知规律区分，小学低年级阶段的学生正处于具体运算阶段。这一阶段儿童的认知特征就是形象思维优于抽象思维，强化识记能力优于理解识记能力。由于他们的感知能力不足，注意力集中时间短，观察的精确性低。因此，细节较多的甲骨文和金文，以及轮廓不能一目了然的字会分散学生的注意力，不适合面向低年级展开字理教学。

2. 已有识字基础

陶行知曾经说过，教师教学生要因材施教，教学相结合。虽然家长对于学龄前是否应提前教学的看法不能统一，各个家庭早教情况不尽相同，但学生生活在母语的社会环境中，或多或少会接触并识记一部分简单汉字，如"一""二""三""大""小"等。教师在对这些生字进行教学时，如果发现学生大部分已经熟练掌握，就应该及时快进，避免沉迷于完成自己的教学设计。在进行备课时，教师也应该考虑到地区的总体水平和班级学生的学习基础，合理编排授课内容。

（二）方法单一

黄亢美教授在《字理教学识字概说》中指出，"字理教学从本质上来说其实是一种教学思想，而不是一种很具体的操作方法，在实际教学中要采用多种方法施教"。一提到字理教学，很多教师往往限制于固定的模式：出示古文字，对照今字，理解字义字形，组词读词。其实这样的方法依然是在字理大旗下的机械识记。对字理的演示不应局限于甲骨文。比如：讲解"灭"时出示用木板盖住燃烧的小纸片；教"旦"时可以用简笔画的形式传达字义。只要对字义的演示是符合字理依据的，就应该拓宽思路，大胆实践。

（三）忽视运用

课标中指出"将学生熟识的语言因素作为主要材料，结合学生的生活经验，引导他们利用各种机会主动识字，力求识用结合"，对识字教学提出了更高的要求。集中识字、分散识字、拼音识字是我国识字教学的重要经验。它们的共性是：从汉字三因素的某一个因素起步，建立与其他两个因素的联系，最终形成汉字音、形、义的心理沟通。现在提倡的识写分流，其取向在于提高识字效率，使学生尽可能早地进入阅读阶段。

然而，目前的低年级识字教学流行识用分离，主张快速扩张识字量，为尽快阅读服务，在阅读中巩固识字成果。在这样的风潮下，字理识字的课堂中也有只识记而跳过运用的现象。字理识字就是根据汉字的构字理据，运用汉字音、形、义一体的关系进行识字教学，字形和字义的紧密结合是字理识字的一大特点。只要当堂学习，当堂运用，字不离词，词不离句，就能做到简单运用并巩固成果。比如，教学"采"时，为了区分它和"摘"的动作差异，教师可以用不同的动作和对象进行组词，以懂得运用之道。"采"通过字形得知意思是手在上去拔，因此可以采花、采茶；而"摘"则是从上往下捡，因此是"摘苹果"。环节简单却不可少，对学生理解字义的作用不可忽视。

二、提高字理识字有效性策略

（一）设置情境，联系生活

爱玩是学生的天性，低年级学生的年龄特点就是注意力易分散。因此，字理识字的教学切忌枯燥的说理，而要在课堂开始设置情境，并在拓展部分联系生活。部编版语文教材识字部分的编写，更加注重识字与儿童生活实际的紧密连接，如：引入"超市""游乐场""操场""火车票"等与学生生活息息相关的情境，引导学生从生活中发现生字，常怀好奇学习的兴趣和习惯。在一节以"木"字为主题的集中识字课上，教师为了引出和"木"相关的四个独体字，介绍它们为"木"字的4个亲戚，邀请学生一起欢迎这几位"亲戚"：本、末、果、丫。授课对象为一年级学生，他们对这样生活化的称呼感到亲切。在之后的课中小游戏中，教师的导语也维持了情境化："请把这几位亲戚送到他们该去的房间吧！"其实是让学生重温这四个字分别代表木的哪些部位。而在之后的拓展部分，教师又联系生活请学生在周围的环境中找到和"木"有关的字。于是，学生找出"栋梁""桥""框""桌椅"等。

（二）有效串联，构建体系

认知同化理论认为：当学生将生字的笔画读音与自己的认知结构联系起来时，就产生了有意义学习。学生接受生字的心理过程就是概念的同化过程。具体表现为在认知结构中找到能够同化新知识的固有概念，这些固有概念能够对新知识产生挂钩的作用。然后找到新知识和旧知识间的相同与不同点，使新的汉字知识与已掌握的固有汉字之间有清晰的区别，使知识不断系统化。

运用到识字教学中，就是指导我们建立起学生的识字框架，将常用常见的部首重点解析，形成学生的旧知识，并在每次见到的时候加强记忆。此后再看到生字时，就可以通过已知的部首含义猜想字义，并归纳到体系中。而字形最难掌握，儿童学习汉字字形的心理过程大致经过为：整体感知字形—字形拆分—字形重组—再次整体感知—达到记忆。儿童识字学习的关键问题是儿童分析、概括汉字字形和结构方式的能力。通过构建部首体系，学生自主识记生字的能力也得到了提高。

例如："彳"，经常被读为"双人旁"，可是这一部首本身和人毫不相关，而是由"彳亍"得来，表示小步慢走，因此有"彳"的字往往和道路、行走等相关，如"徐""径""征""彷""徘徊"等。当建立起了"彳"的旧知识体系，之后再遇到相关的生字，学生就会向"行走、道路"方向上识记字义，而非被"双人"误导。

像这样被广泛运用却被误读的部首还有不少，如斜玉旁被称为"王字旁"，实际上代表了"珍宝"的意思；"卩"被称为"单耳刀"，实际表示跪坐的人跪坐是很有礼貌、有规矩的行为，因此"叩"的动作就可以理解了：双膝跪坐，以头击地，还有"却""印""即"等字都和跪坐的动作关联。只有抓住这些有代表性的部首构建体系，才能真的达到事半功倍的有效串联。

（三）分散集中，多线并行

字理教学作为一种理念，具体的实施方法可以有很多种。既可以随文进行分散识字，也可以进行集中识字。平时的语文课堂中识字任务往往是伴随课文进行的，通过课文加深对字的理解。现今的部编版教材在低年级定期安排了集中识字的课程。集中识字主要是按照构字规律进行归类学习，如部编版教材一年级上册语文《日月明》：

> 日月明，田力男。
>
> 小大尖，小土尘。
>
> 二人从，三人众。
>
> 双木林，三木森。
>
> ……

这一组课文是采用拆字法编出的歌谣，既朗朗上口，又能让字理一目了然。除了教材提供的集中识字外，教师也可以根据教材进度自主安排主题式集中识字课。例如：一年级上册学习了"木"和"森"，就适时增加一节以

"木"为主题的集中识字课;《小猴子下山》中有不少含"扌"的字,就可以安排一节巧识"手"的课。教材外的内容和教材内的内容双向补充,共同完善学生的识字体系。

除了常见的分散识字和集中识字外,我们还可以在环境中营造识字氛围。比如,在生活环境中常见的事物上贴上字卡;或是在生活场景中找机会进行识字,如体育课上常见的各项运动。

三、结语

教育心理学家艾伟对识字有这样一个经典解释:"所谓识字者,谓见形而知声、义,闻声而知义、形也。"所谓识字者,即见形而知声、义,闻声而知义、形也。字理识字教学紧扣汉字的表意文字特性,是贴合汉字构建规律和学生身心特点的教学理念。只要符合汉字的构字理据,大胆创新,科学求证,小学低年级识字课堂定会百花齐放。

参考文献:

[1]黄亢美.字理识字教学概说[J].语文教学通讯,2018(15):71—73.

[2]黄亢美.字理识字教学应注意的问题[J].语文教学通讯,2018(33):74—76.

在字理识字教学中培养学生的思维能力

黄 丽

中华民族的汉字博大精深，它是一种集音、形、义为一体的方块字，有其独特的构造方式，具有图画性、表意性，妙趣无穷。不过传统的识字教学多以教师为中心，教学方法单一，很少将汉字的音、形、义联系在一起，难以激发学生的学习兴趣；课上"满堂灌"教学，把汉字孤零零地"塞"进学生的大脑，使学生知其然，不知其所以然。因此，许多小学生觉得汉字枯燥烦琐，难学难记。可以说，传统的识字教学注重记忆，并不注重培养学生的思维能力。而字理识字教学是有意识地从汉字的字理入手，使学生深刻理解字意，做到见形知义，形义结合，从而防止由机械识记引起的遗忘和混淆，有效提高识字效率，使汉字变得灵动起来。同时，学生在积极状态下学习汉字，相应地促进了观察力、注意力、想象力、迁移能力等的培养。

一、形象展示象形字，培养观察力

小学低年级学生的思维方式，以形象思维为主。而我们识字教学的内容是汉字，即抽象的文字符号，这对于以形象思维为主要思维方式的低年级学生来说，掌握起来比较困难。因此在识字教学过程中，我们应该多采用实物教学，把汉字与其所代表的实物联系起来，与学生已有的生活经历相结合。这样既符合低年级学生以形象思维为主的特点，又能丰富学生的体验，深化学生的认识。例如：进行象形字的识字教学时，教师可以先出示实物彩图，然后过渡到抽象概括图（可以出示甲骨文字形），再出示小篆字形，最后出示楷体字。通过以上的教学流程，我们可以在教学中创造性地使用"看图联想，形象感知"

的字理识字教学方法，提高基本字（象形字、指事字）的识字效率，进而培养学生的观察力。比如，学习象形字"雨"字时，首先我们出示雨的图片，让学生直观感受雨。其次，小朋友们回忆下雨时的情景，把雨与自己生活的体验结合起来。最后，幻灯片展示古文字的雨到现在楷体字的雨的演变过程。这样抽象的汉字"雨"，孩子们通过观察后头脑中就形成了一个鲜活生动的图片。

二、激发学生的兴趣，增强注意力

从心理学的角度看，兴趣是人的一种个性倾向性，它是在一定的情感体验影响下产生的一种积极探索某种事物或从事某种活动的意识倾向。它是人进行活动的基本动力。我国古代伟大的教育家孔子做出这样的论断："知之者不如好之者，好之者不如乐之者。"而所谓的乐知者，就是拥有浓厚兴趣者。无独有偶，捷克教育家夸美纽斯也认为，兴趣是创造一个快乐和光明的教学环境的重要途径之一。俄国教育家乌辛斯基更是明确地指出，"没有任何兴趣，被迫地进行学习，会扼杀学生掌握知识的意愿。"换句话说，兴趣能够激发学生的注意力，促使学生积极主动地思考问题、探索问题，掌握知识，提高学习效率。学生运用字理识字，在探究字理的过程中见微知著，不断突破自我认知，获得新的发现，学生的识字兴趣自然而然就被激发了。例如：在上部编版一年级上册识字2《菜园里》识字课时：

片段一：

师：小朋友们，现在我们就跟随农民伯伯一起参观菜园啦！

生齐声说好。

（出示课件）阳光下，一架架绿色的藤蔓下，一串串嫩绿的豆角在快乐地生长。

师：孩子们，看，这是什么？

生1：豆角。

师：你们认得真准。

（出示课件）屏幕上一棵幼苗破土而出，渐渐长大，到后来一个个又大又圆的茄子挂满了枝头。

师：大家知道这是什么吗？

生2：茄子。

师：大家看到"茄"是一个"艹"加上一个"加"。现在大家明白为什么是草字头了吧！

依次完成萝卜、黄瓜、辣椒、南瓜等识字教学。

学生进入"菜园"后，教师根据本课的识字任务——认识蔬菜，并且根据这些生字的规律进行情节的创设。如此不仅能让学生更好地记忆字形，还能让学生通过图片或视频直观地感受蔬菜的生长过程。此环节很好地吸引了学生的注意力，大大地激发了学生学习汉字的兴趣。

三、利用造字的原理，激发想象力

通过使用造字原理，使得抽象的文字符号得以具象化。举例来说，在识字教学课上，教师可以利用"山、石、田、土"四个字创造一个山野的教学情境：山上有许多石头，古时候我们把山上的石头运下来靠的是扁担和锹。教师边讲边画图"╱"表示扁担，"╱"表示锹，然后在"扁担"和"锹"下置一石块，成为"石"。又如，学习"牛"字族的生字时：

片段二：

师：老师继续考考同学们的眼力。（PPT出示图片文字♀）

生1：牛在呼气。

师：它在做这一动作时会发出什么声音？

生2：móu，móu，móu。

师：你真聪明。这就是牟（móu）。"牛鸣也。从牛，象其声气从口出。"相信这个图片文字也难不倒大家。

生3：两头牛。

师：两头牛就是牪（yàn），牛伴。小朋友们，请继续看看

生4：三头牛。

师：它读bēn，是"奔"的异体字。隶书异体字"犇" 用三牛 会义，表示惊慌之中牛群齐奔。造字本义：动词，惊牛群奔。古籍多以"奔"代替"犇"。

教师通过这样的办法，激发了学生的想象力，学生进一步理解了字的意思，更在想象的过程中提升了对生字学习的兴趣。

四、以字族文为内容，培养迁移能力

子曰："不愤不启，不悱不发，举一隅不以三隅反，则不复也。"这说明，在学习过程中学生要学会举一反三。假如教师指导学生利用迁移理论进行汉字的学习，不仅能够减轻学生的学习负担，还可以提高学生的识字辨字能力。例如：母体字加偏旁构字法，其中相同的构形母体即母体字，所谓具有相同"构形母体"音形相近的汉字组成的一组字族。字族文在内容选择上贴近儿童生活，内容浅显；表现形式或故事，或儿歌，形式多样；在体例上，或韵文，或非韵文，皆有韵味，朗朗上口。例如：部编版一年级下册《小青蛙》中：

片段三：

师："青"字在汉字中有一个大家族，今天我们就一起去它家做客吧！请小朋友们用心读书，找一找"青"字的兄弟姐妹，用笔圈画出来。好，开始吧！

生读课文，并圈画。

师：哪些生字来自"青"字家族呢？谁来说说？

生1："清、晴、情、请"这4个字都是"青"字的兄弟姐妹，因为它们都长得很像，都有一个"青"字。（生笑）

师：你真会观察，一下子就发现了它们的相似之处！那我们要怎么区别这些"兄弟姐妹"呢？

生2："清"字是三点水，肯定和水有关，表示水很清澈！

生3："晴"字是日字旁，和太阳有关系，可以组词"晴朗"。

生4："情"这个字是竖心旁，从心，和心情、感情有关。

生5："请"字是言字旁，从言，和说话有关。

师追问："请"字为何和说话有关？

生沉默。

师："请"是敬辞，说话客客气气，所以和说话有关。（师板书"清、晴、情、请"）

师：观察老师板书的这几个字，你们还有什么发现？

生1："青"字都在右边，偏旁都在左边。

生2："青"字写得大一些，偏旁写得小一些。

师：还有要补充的吗？

生3：他们的读音都相似，ing声。

师：你们真会归纳！是的，"青"字的大家族都是形声字，它们字形相似，读音接近。我们只要借助偏旁就可以更好地认识汉字，区分形近字。

在《小青蛙》这一课的识字教学中，在学习"青、清、晴、情、请"这几个字的过程中，教师在学生掌握"青"字的基础上，给生字加上偏旁"氵""日""忄""讠"，成串识字，使学生初步了解形声字的构字规律，习得识记形声字的办法，可谓举一反三，归类识字，提高效率。

通过"字理识字"教学法，可以有效提高学生的识字效率，使汉字变得灵动起来。与此同时，学生在积极状态下学习汉字，相应地促进了观察力、注意力、想象力、迁移能力等的培养。

参考文献：

［1］张帅.字理识字法在小学识字写字教学中运用的策略研究［D］.长春：长春师范大学，2018.

［2］付广慧.小学低年段识字写字教学的问题与策略［J］.文学教育（中），2014（2）：151.

［3］黄亢美.识字教学系列谈之二　字理＋心理＝合理——依据字理，析形索义，因义记形［J］.小学教学参考，2005（34）：4—7.

［4］程晓红.以字理为基础的小学低年级识字教学研究——以北京市骨干教师低年级识字教学为例［D］.北京：首都师范大学，2014.

让识字有理又有趣

黄 丽

汉字是具有构字理据的表意文字，《义务教育语文课程标准（2022年版）》强调指出了解国家通用语言文字的特点和运用规律，感受语言文字的丰富内涵，可见字理识字的必要性。小学生的思维能力处在形象思维发展转向抽象逻辑思维过渡的时期，依然是直接经验与感性经验之间相互促进的关系，具体形象性占大部分。基于这样的思维特点，一些教师在教学中认为只要把某汉字的古文字一一展示给学生看，学生便能理解其字理了，但长此以往，学生便觉得单调无味，自然会降低对字理识字的兴趣。那么如何提高学生对字理识字的学习兴趣呢？

一、图片联想法

图片联想法利用直观形象的图片，借助汉字的古文字形态，再过渡到现代的楷书字体。小学低年段的学生思维状态以形象思维的发展为主，因此他们更偏爱通过一些具体形象刺激他们的直观感受，令其在三者之间建立形态意义的联想。以"木"为例，如图1所示。

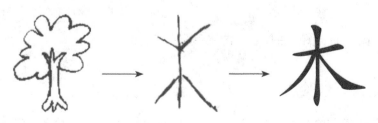

图1 "木"字的由来

通过观察直观的图片,教师带着学生进行"溯源—对照",对字形建立联想,加之点拨其抓住图片中的事物的核心特征,突出与汉字有直接联系的部分,学生认识现代汉字就更得心应手了。

二、故事呈现法

著名的语言作家安子介曾经说过:"汉字是爱丽丝的仙境。"教师应以汉字字理为依据,运用精炼生动的语言讲清汉字的构形理据,形成一个个生动有趣的小故事,吸引学生的注意力,增强学生的识字兴趣。比如"取",左边是耳朵,右边是手,合起来的意思是用手割耳朵,"获取"之义。但是为什么一定要割耳朵呢?学生肯定会疑惑不已。这时可把"取"字的字理以一个故事呈现出来:先秦时,战争不断,交战有胜有负,获胜的一方的士兵怎么样来汇报自己的战绩呢?就是用数耳朵的方式,把自己杀掉的敌人的耳朵割下来,为了公平和纪律,规定是割左耳,所以"取"的本义就是用手去获取所割下的耳朵,有"获得、取得"之意。通过讲故事,不仅加深了学生对汉字的记忆,丰富了学生的知识面,更重要的是增强了学生探索汉字的兴趣。

三、情境辨字法

字理教学以字理解析为切入点,将一个个方块字变成一幅幅生动形象的画面。这种教学方式,不仅符合学生的身心发展规律,还激发了学生的好奇心和强烈的求知欲。例如:《吃水不忘挖井人》一课对"井"的教学。

出示井图。

师:这是什么?

生1:一口井。

师:古时候,人们常常在井口处钉上几条木桩,这样打水的时候就不容易掉下井了,你们瞧(出示:),老师变出了一个什么字?(课件演示"井"由图—抽象图—古体字—楷体字的演变过程)

四、演示体验法

一是通过实物、模具的演示,让学生仔细观察,加深学生对汉字字理的理解，从而加强汉字的识记。利用实物演示有助于学生更加直观地感受到汉字的造字来源。例如：学习"笔"字时，教师先准备一支毛笔让学生观察，学生通过观察发现"笔"是由竹子和毛发组成的；遇到"串"字时，教师可以准备一串糖葫芦，形象直观地演示糖葫芦串起的过程，从而帮助学生很快地了解"串"的字义。

二是动作再现，在教授一些和动作相关的字词时，运用演示的方法有助于学生进行动词理解。学生通过自己的动作与表演，切身体验了汉字音、形、义之间的密切联系，便于理解字义。比如，学习"掰"字时，教师分析了字形后，让同桌两人合作表演，一个学生把另一个学生合着的两只手分开，这样不仅能加强学生的字义理解，而且还能提升学生的有效注意，提高学生参与的积极性。

五、字谜识字法

低年级学生好动、好奇、喜新，教师在字理识字教学中适当创设字谜，不但可以激起学生的学习兴趣，而且可以促进学生思维的发展。教学时，教师可以根据字的形状或意义编字谜，让学生去猜甚至去编，提高他们识字的兴趣。以"盗"的字谜为例：

一人欠着身，俯看皿中物；

此物真是美，两滴口水出；

于是起坏心，把它偷回屋。（猜一字）

不过需要注意的是，教师要结合谜面的文字，分析出"盗"的由来，然后辅以字理知识的讲解，让学生巩固对字义的理解。

六、归类总结法

归类总结法是将一些构件形态相同的汉字集中到一起，并对其进行功能和意义综合分析。这种方法可以分为两类，一类是声旁归类，如部编版一年级下册《小青蛙》中"请、晴、情、睛"等字，其声旁都是"青"，具有示音的类属性，都和"ing"发音相同，剩余的构件都是形旁，表示一种类别的意义。另一类是形旁归类，如：长春版小学语文三年级上册《汉字家园》中"眨、眯、睁、盯、瞄、瞅、瞭、瞧、眺"等字，其形旁都是"目"，具有表义的类属性，"目"有表示"看"之义，所以这些汉字的意思也都和"看"有关。

七、思维导图法

对于小学中段学生而言，采取机械式的灌输模式对其进行字义教学难以获得较好的效果，而思维导图对于小学字义的教学效果有非常重要的作用。通常而言，学生在课堂上学习新的知识时，一般已经对生活中看到的事物和一些现象有了自己的了解和认识，形成了一定的知识基础，课堂上系统的学习主要目的是将之前的认知同化，并且重建更加完善的知识结构，从而达到获得新知识、提升知识水平的目的。思维导图的应用，能够将抽象的字义形象化。对学生而言，思维导图使字义更形象化。基于学生对字义的理解所具备的抽象逻辑思维能力，思维导图以图形和形象表达的方式，将抽象的汉字进行了表意形式的转化，更有利于学生掌握字义。例如："耳"字形象字思维导图，对汉字"耳"进行思维发散，结合小学生爱画画的爱好，对"耳"在字词上进行分支，通过有趣的画面展示，使小学生对这一生字在读音和书写的认知方面更加全面，起到了事半功倍的识字教学效果。

教师充满乐趣的"缘字析理"活动，可以有效地刺激学生的好奇心，培养其学习兴趣，提高其学习效率。就孩子的认知规律着手，只有开展生动的教学，才可以有效刺激学生的学习兴趣，从而使字理教学的效果事半功倍。

参考文献：

[1] 秦程方.小学语文字理识字教学研究 [D].大连：辽宁师范大学，2014.

[2] 崔玮奕.基于汉字造字理据的识字教学的策略研究 [D].上海：上海师范大学，2017.

[3] 李颜清.小学低年级字理识字教学的现状与改进策略研究 [D].长春：东北师范大学，2012.

[4] 王宁.汉字教学的原理与各类教学方法的科学运用（下）[J].课程·教材·教法，2002，22（11）：23—27.

[5] 段玉裁.说文解字注 [M].北京：中华书局，2013.

浅谈小学低年级识字教学现状及教学方法

李洁娥

语言文字是小学生学习和交往的重要工具，识字教学不仅对语文学科的学习有着基础性作用，对其他学科的学习也有深刻影响。识字教学是语文教学的重要组成，小学低年级的识字教学更是重中之重。基于此，教师应不断提高教学水平，根据学生年龄发展特点，激发学生自主识字的兴趣，使其产生自主识字的愿望。同时优化教学方式，依据汉字内部规律与学生生活实际，采取多样化的教学方法提升识字教学效果，帮助学生掌握识字方法。

一、小学低年级识字教学现状

（一）识字教学任务重

《义务教育语文课程标准（2022年版）》在识字与写字目标中提出小学1~2年级需要认识1600个左右的常用汉字，其中800个左右需要正确书写。此外，还需要掌握汉字的基本笔画和常用偏旁部首，能按照基本笔顺规则和间架结构正确书写。在当前教育改革趋势下，低年级没有书写类的课后作业，写字的训练压力主要在课堂上。因此，课堂识字教学既需要教师带领学生识记字音字形、了解字义、规范书写，又需要教师带学生进行复习巩固和应用训练，任务比较艰巨。为了完成教学任务，识字教学容易陷入追求识字数量的误区，使教学变得急切而不深入，学生在学习过程中存在理解不扎实、识字效果不理想的情况。偏重识字数量，课堂缺乏兴趣培养和方法指导，学生没有主动识字的热情，自主识字意愿薄弱。

（二）识字教学难度大

识字教学的难度源于汉字本身结构复杂，同音字、多音字、形近字，象形字、形声字，各种名目常令学生茫然。如果忽视汉字文化，简单地从字的外形入手，用"加一加、减一减"的方法，识字并没有难度。但汉字是表意文字，是音、形、义的统一，教师应科学讲解汉字的形义关系和构字原理，帮助学生正确理解汉字，并挖掘汉字本身蕴含的文化和审美价值，利用汉字文化的魅力激发学生学习汉字的热情。从这个角度出发，识字教学具有一定的难度。教师固然可以花时间精力研究汉字，但低年级小学生的认知能力有限，因此教师应当根据学生的身心发展特点，分析低年级小学生读错字音、认错字形的情况，重视汉字文化的特点，运用科学的识字方法，让识字教学由难转易。

二、小学低年级识字教学方法

教师可以从以下几个方面优化教学，缓解识字教学任务重、难度大带来的压力。

（一）尊重科学，具象化教学

部编版语文教材的编写十分重视科学识字，根据汉字的构字原理安排识字篇目。比如：一年级上册《日月水火》一课中，展示了汉字的甲骨文字形和对应的图片。教师在生字教学时应遵循汉字的特点，融入汉字字理文化，引导学生观察"日、月、水、火、山、石、田、禾"的甲骨文字形，直观感受表意文字的特点。

符合汉字规律和儿童认知规律是科学识字的共识。基于皮亚杰的认知发展理论，小学低年级学生处于具体运算阶段，这一阶段学生的思维还离不开具体的事物。具象化的教学符合学生的认知发展特点，图字对照是学生易于接受的识字方法。一年级上册的《口耳目》、二年级下册的《中国美食》都是看图识字，涉及的汉字与学生生活密切相关，通过图字对照的具象化教学，自然而然地将字形与字义结合在一起。部编版语文教材的插图十分生动有趣，教师可以充分利用图片将抽象的汉字符号变得形象化、具体化。

具体直观的表现形式除了图片，还有教师的示范字。依据汉字的造字规律，在一年级下册《小青蛙》一课里，集中了带有部件"青"的形声字"请、清、晴、情、睛"。在板书示范中，教师可以通过不同颜色的粉笔标注出偏旁部首形成色彩直观，突出这些字在字形上的异同。在理解字义方面，教师还可以辅以简笔画加深印象，"蜻"下画蜻蜓，"睛"旁画眼睛，让识字变得具体而生动。

（二）激发兴趣，游戏化教学

猜谜、词语接龙、顺口溜、儿歌是最常见的游戏化教学形式，部编版语文教材中的许多篇目都利用了以上形式，如一年级下册的《猜字谜》、二年级上册的《场景歌》《树之歌》等。可见形式不在乎老套，关键在于运用是否得当。朗朗上口的儿歌，反复拍手读，学生也不会腻。对学生而言，拍手读儿歌是一个动手动口的游戏。学生能在这回味无穷的游戏中对汉字产生无意识记忆，使识字压力化于无形。

叶圣陶说："孩子的工作就是游戏，在游戏中激发他们的思维，是他们最愿意接受的。"教学时，教师可以根据学生的年龄特点将复杂的生字拟人化，玩"抓生字宝宝"的认字游戏、"送生字宝宝回家"的写字游戏，使学生自然而然地得到了识字和写字的训练。根据文本和汉字特点，选择匹配文本情境的游戏，如：《小猴子下山》一课出现了大量与"手"有关的字，教师可以让学生通过动作游戏加深"摘、捧、扔"等字的字义理解。又如：《我要的是葫芦》一课设置"爬葫芦藤"的游戏，《荷叶圆圆》一课设置"跳荷叶"的游戏等，使识字课产生变幻无穷的魅力，激发学生对识字的期待和热情。

（三）联系生活，情境式教学

苏霍姆林斯基曾说："只有儿童将识字学习看作激动人心的活动情境时，生字的读写才能更加轻松。"部编版语文教材为识字教学提供了学生熟悉的生活情境。以一年级语文为例，《在操场上》《文具的家》《一分钟》等课文充分联系了学生生活实际，文中生字皆是生活常用的汉字。教师通过情境设置，让学生在《升国旗》的识字学习中体验一次升旗，引导学生使用本课生字描述升旗过程，调动已有经验，把汉字运用到具体的语境中，使识字在语言表达的训练中自然而然地完成。

但是课中情境不能任由学生沉浸，教师需要明确情境是为识字服务的。例如：在《小书包》一课的前置学习中，教师让学生制作了许多生字卡片，进入整理课桌的情境时，学生整理的不是真实的文具而是象征性的汉字。教师要防止学生在情境中偏离生字学习，就要随时配合生字卡片，借助多媒体，辅以言语提示让学生在情境中运用生字进行互动交流。只有在沟通情境中使用汉字，才能说明学生有效地理解了汉字。

（四）创新模式，多媒体教学

微课具有教学内容少、教学时间短的特点。声像一体的微视频能够配合识字教学提供动态直观的汉字演变过程，二年级下册《"贝"的故事》课后拓展中用视频展示"金"的故事、"玉"的故事，呈现一类汉字的演变过程，生动而有趣。例如一年级上册《日月明》学习中动态展示"田力男、二人从、三人众"的会意字的构字，帮助学生直观地了解汉字的造字特点。

在信息飞速发展的时代，学生获取知识的渠道变得宽广，多媒体的作用变得越来越突出。字形演变的展示有赖于多媒体的展示变得形象生动，生字的复习巩固有赖于多媒体的展示变得方便快捷。教师应灵活应用多媒体信息技术突破识字重难点，提高识字教学的效率。例如：利用抢答器、计时器等工具辅助教学；使用书法视频的指导，规范学生书写；通过投影展示和纠正，提高书写质量。这些都是十分必要的手段。

（五）重视氛围，应用性教学

识字与拼音教学相结合。在初学拼音的时候匹配汉字，如：学习"j、q、x"时，配合"鸡、七、西"，不要求学生掌握这些汉字，但是不断巩固拼音的过程中，汉字的不断复现能加深学生对汉字的印象。学习拼音是一个长期的过程，在低年级的识字教学中不能忽视生字的读音和书写。一年级的语文学习强调前鼻音和后鼻音的学习，如ing和in，如果我们没有重视拼音教学，把"铃、玲、龄、邻"作为形声字进行归类学习，就会在字理上产生矛盾。实际上，"铃、玲、龄"是后鼻音，以"令"为声旁；而"邻"是前鼻音，"令"是简化后的一个部件。

识字与阅读教学相结合。脱离语境识字，识字效果不扎实，学生会认不会用。部编版语文教材也有随课文分散识字的篇目，为学生识字提供了具体的语言环境。教师应当利用这些课文，在阅读教学中贯穿识字任务，运用随文识字，做到字不离词、词不离句、句不离篇，提高识字质量。只要提高生字出现的频率，阅读就能达到识字效果。例如：在一年级下册《树和喜鹊》一文中学习"孤单"一词时，教师通过引导学生抓住课文"一棵树、一个鸟窝、一只喜鹊"的语境理解孤单，再要求学生结合自己生活说一说孤单，学生不仅感受到文本中喜鹊的"孤单"，并且把"孤单"运用到生活语境中。

识字与校园生活相结合。识字要重视学习氛围，教师可以在教室中布置识字园地，把学生认识的字做成专属的手工作品展示在园地中，这样学生在制作的过程中会运用汉字，在展示的过程中会增加识字的自豪感。教师也可以在课间组织识字游戏，低年级学生在课间喜欢交换和收集卡片，利用这种形式给每个学生定量的汉字卡片、词语卡片，学生通过读准字音、认准字形、词语重组等方式能够获取同学手里的卡片，于是汉字在课下也不断复现，形成课堂和课下联合的识字氛围。

三、结语

识字教学是一个复杂的系统工程，同时儿童的认知发展水平也决定了识字不宜采用单一的教学方式。教学有法，但无定法，教师应立足于汉字规律和学生身心发展特点，吸收各种识字教学方法之长，重视实践，大胆创新，增强识字教学趣味，帮助学生科学识字；反复尝试，不断反思，提高识字教学质量，提升学生识字能力。

参考文献：

［1］李聪.情境教学视角下的小学低年级识字教学研究［D］.呼和浩特：内蒙古师范大学，2020.

［2］许嫣娜.小学低年段识字教学研究［D］.苏州：苏州大学，2016.

［3］迟捷.小学低年级识字教学现状及"部编本"识字教学策略研究［D］.济南：山东师范大学，2019.

［4］莫然.运用灵活多样的识字方法发展学生的思维品质［J］.小学语文，2022（6）：24—27，56.

［5］金伟文.我们的系统识字课：遵循汉字学的识字及阅读课例选［M］.南昌：江西人民出版社，2017.

浅谈小学低年级科学识字的方法

李洁娥

《义务教育语文课程标准（2022年版）》在识字方面明确指出："要让学生对学习汉字有浓厚的兴趣，养成主动识字的习惯。"因此，在识字教学中，教师不仅要教学生认识、记忆汉字，还要引导学生掌握识字方法，使学生获得自主识字的能力。灵活多变的识字方法符合小学生身心发展的特点，能调动学生识字的兴趣。教师熟练且恰当地运用多种识字方法，能让学生在潜移默化中掌握自主识字的方法，并在识字过程中触类旁通、举一反三，为今后的阅读与写作打下扎实基础。

一、关注声形，科学识字

识字从音、形、义展开，在低年级的识字教学中，要重视汉字读音的规范。语文教材十分注意同音字、多音字和形近字的辨别，在一年级的语文学习中，学生初学拼音，教师要反复范读和纠正，帮助学生掌握正确的字音。以多音字为例，同一个字的不同读音有着不同的意思，如"尽"读第四声有"达到界限，全部，结束，竭力"等意思，而读第三声时主要作为介词或副词使用，小学生不需要记住一个字的所有意思和词性，用积累词语的方法就能掌握大量的汉字，因此读准字音就显得尤其重要。又如常见的词语"夹子、夹竹桃、夹克"中的"夹"读一声，"夹袄、马夹"中的"夹"读二声，两个读音的意思不一样。教材在语文园地中多次出现趣味儿歌、顺口溜、绕口令，教师应当巧妙利用这些帮助学生纠正读音，正确掌握汉字。

书写的规范有助于学生把握汉字的字形，深入理解汉字的字义。比如：

"冒"字，上部两横皆不封口，在字义上与"日、曰"无关，自然也就不能在字形上出错。又如："末、未"，两横的长短与字义有关，教师应在识字教学中指导学生科学认识这两个字的意思，更要让学生动手规范书写，借助书写巧识字，让学生把字形字义记得更加牢固。对一些易错的形近字更要把字形和字义结合起来教学，如："武"字，学生常见的错误是少一横或多一撇。从字义理解，"武"应当有兵器"戈"作为部件，学生多一撇也是情有可原的。

实际上，在甲骨文　字形中确实存在"戈"的字形，但在演变的过程中出现了讹变，"戈"的横、撇都放在了"止"的上方形成了　。如果在课堂上学习"武"字时，对字形演变进行讲解，相信学生一定能准确牢固地记住这个字。而"武"的意思，也不能简单地用"止戈为武"来理解，"止"指的是脚，是行动的意思，符合"武"行军动武的字义，所以我们应当细心备课、科学备课，让识字教学更加严谨。汉字是中华文化的载体，积淀了中华文化的精华，音、形、义半点不能错。

二、激发兴趣，情境识字

激发学生兴趣是识字的首要任务，利用好"有声的语言"，整理有趣的典故、谜语讲给学生听，让学生在聆听中缓缓进入课堂——这种师生课前互动既训练了学生倾听，又有效地提高了学生的积累，引发学生对汉字的无限好奇。利用"无声的艺术"，有趣的汉字扮演活动能够激起学生学习的积极性，也能缓解识字量大带来的压力。夸张又生动的肢体语言最适合象形字的学习，用激情洋溢的手势可以使课堂活泼生动；汉字故事连环画展示，将绘画与识字相结合的艺术也能使识字教学妙趣横生。

建立情境也是十分必要的。一年级学生刚接触象形字"山石田土、日月水火"时，教师可以通过故事串联起汉字，邀请学生扮演一位居住在山里的小人，用图形传递信息给同伴，这些图形最后演变成今天要学习的汉字。汉字的演变过程由学生自行演绎，学生身临其境产生了许多有趣的联想，并轻而易举地掌握了象形字。而学生在表演后的讲述过程中又锻炼了表达能力，将积累的词汇运用到口语表达中。进入二年级后，识字教学想象与语言表达能力的锻炼体现得更加淋漓尽致。例如：在课文《我是一只小虫子》中，教师可以引导学生把自己想象成一个小虫子在森林里闯荡,生字穿插在各项挑战中,学生在闯关的情境中不知不觉就掌握了生字。这样的识字教学巧妙地锻炼了学生的思维,尤其是汉字"屎、尿、屁、脾、腹、胃、肾"的学习符合汉字的构型逻辑,学生能够敏锐地运用过去所学的形声字知识,对汉字进行科学分类的学习。

三、使用工具,自主识字

字典是重要的识字工具。课堂上,教师常常让学生借助部件猜一猜字词的意思,但是在科学识字的要求下,掌握字义需要严谨的解释,所以正确使用工具书是很有必要的。让学生养成查字典的好习惯,也是锻炼学生自主识字的一种方式。

教学片段一:

师:观察带有部件"王"的字,你从它们的字形里发现了什么规律?

生1:带有部件"王"的字,和"玉"有关。

师:是的,追溯到甲骨文的字形,我们会发现"王"和"玉"一模一样,所以这个偏旁正确的名字叫作"斜玉旁"。

出示生字一组:玩、弄、琢、理、瑕、班、碧、琼、瑶、珍、琳、琦、瑶。学生认读并组词。

小组合作查字典,完成学习单。

小组展示。

组1:我们通过查字典记录字义,发现"玩"和"弄"都有赏玩玉器的意思,引申为玩耍、游戏,可以合并组词"玩弄"。"琢"指的是雕刻玉器,我们积累过"玉不琢不成器,人不学不知义"等句子。

组2:我们小组查字典关注了"理""瑕""班","理"是玉石上的纹理,"瑕"是玉上面的斑点,"班"指的是分开,我们根据字形两边的"玉"猜测"班"的本义是把玉分开。

组3:我们小组查字典发现"碧、琼、瑶、珍、琳、琦"都表示美玉,我们班有几个同学的名字就带有这些字,象征着美好的寓意。

师总结:斜玉旁家族的字虽然庞大,却也有规律可循。同学们今天借助字典不仅在学习单上记录了生字,还结合生活经验和过去积累的知识对生字进行了识记,真是非常了不起。

四、形象感知，直观识字

在教学设计中，教师应注意展示字形演变，让学生直观感受汉字变化的神奇。形象的对比能让学生更清晰地发现汉字之间的差异，如在学习草字头的字之后，引导学生区分"莺、萤"，通过三组篆书的比较，认识到"莺、萤"的草字头其实是两个火的简化，既可以巩固草字头的一类字，也可以帮助学生了解汉字的简化规律。

字理的讲解有助于学生对汉字形成系统的认识。汉字的本体结构是有规律的，如以"目"为基本部件，可以建立"页（顶、额）—首（面、夏）—见（览、视、观）"的构字系统，引导学生拾级而上，以获得对汉字的科学认识。运用字理进行教学设计具有灵活性，根据课文内容和汉字规律巧妙地进行归类识字或随文识字，不仅让汉字学习更扎实，也让汉字学习变得轻松有趣。

教学片段二：

师：请同学们观察"想"字，上面是相貌的相，一个人的样子出现在心里，说明心里在想念，需要用到心脏这个器官。观察心脏从器官到汉字的演变（课件出示演变过程），古人一直认为心脏是思维和情感的中央器官，是重要的部分，所以很多汉字都与"心"有关，都带有"心"这个部件。现在，请同学们猜一猜，这些都是什么字？

课件出示：感想愫恒。学生观察字形猜汉字。

师：原来心这个部件，除了心字底，还有竖心旁啊！请同学们开开火车，给这四个字组词、造句。

师：除了"心"和"忄"，还有一个部首也属于心字部。课件出示：慕恭。当心在下方时，为恭字部。美慕的慕，恭喜的恭，也和心有关。

生1：所以当我们看见"心、忄、心"这三个部件时，要知道这些字和心有关，要联系思想和情感。

五、分散识字，随时复现

在识字时要注意分散识字、随时复现。低段的汉字教学是螺旋上升的，教师应降低识字难度，跟随文本内容分散进行生字教学，并注意复习规律，随时复现汉字帮助学生巩固。比如"口"字，作为汉字部件，在现代常用字中构字数量庞大，有"呀、啦、唱、叫"的口字旁一类，有"后、奇、可"作为部件的一类，有"国、圆、围"大口框的一类，在教学设计中，分开学习带有"口"的形声字，表示"口"形状的字等，在后续学习中适当地复习，有利于学生循序渐进地掌握和积累汉字，强化学习效果。

生字的学习不能脱离文本，只有依托语言环境让识字与朗读理解相融合，才能让识字教学贴近生活，让识字教学富有效果。通过短语、段落的重复朗读，既利用了多样的朗读方式训练学生感受文段，又能复现词语进行理解巩固，使字音、字形、字义有机结合在一起，做到"字不离词、词不离句、句不离文"，令识字教学螺旋递进，具有科学性。

教学片段三：

师：我们已经学习了草字头的"葫、芦、藤"三个字，现在把生字送回课文，请同学们读一读第一自然段，用自己喜欢的方式读，边读边找出葫芦这种植物长什么样子，用横线把相关的句子画出来。

师：老师也画了线，请你们跟我一起读——多么可爱的小葫芦啊！细长的葫芦藤上长满了绿叶，开出了几朵雪白的小花。

学生跟读。

师：（出示图片）细长的葫芦藤，雪白的小花，漂亮吧？我们读得好听一点。

学生看图片，再读。

师：（出示图片）花谢以后，藤上挂了几个小葫芦，这几个小葫芦是可爱的，就好像我们可爱的同学们一样，朝气蓬勃的，我们试着代入情感读一读。

学生分组比赛读。

师：大家都读得很好，我们把整个自然段连起来读一遍。

学生齐读文段。

师：我从你们的声音中听出来了，这真是可爱的葫芦。下面我们不看书来复习一遍葫芦的生长。

生1：这棵葫芦先长出细长的葫芦藤，然后开出雪白的小花，等花谢了，会长出小葫芦，最后葫芦长得很可爱。

识字方法很多，无论哪一种方法都不能完全解决识字教学中出现的汉字音、形、义关系和字、词关系等问题。因此，要让学生在轻松愉悦的氛围中识字，同时获得科学识字的方法并灵活运用，还需要教师不断探索、不断创新，丰富识字内容，严肃识字教学。

参考文献：

［1］芮晓菊.运用字理识字方法提高识字教学效率［J］.语文教学通讯，2018（9）：60—61.

［2］莫然.运用灵活多样的识字方法发展学生的思维品质［J］.小学语文，2022（6）：24—27，56.

［3］吴永亮.跟着部首去认字［M］.济南：济南出版社，2015.

遵循科学识字，让识字教学有趣又扎实灵动

廖雪云

汉字是学生从运用口头语言过渡到书面语言的桥梁，识字教学是小学语文低年段教学的基石。而大部分生字都是在课文学习中出现的，阅读教学时教师的生字教学是否有趣，很大程度上决定着学生对汉字的热爱程度、自主识字的兴趣程度及识记方法的科学性等。笔者反思自己以前在阅读教学中一直热衷于集中识字，大多时候对识字教学进行模式化处理：在初读课文后出示一整课的生字，首先是带拼音认读，去掉拼音认读；其次是让学生思考交流识字方法，说说记住了哪个生字，是怎么记的；再次是给生字找朋友，组词，说句子；最后是将生字回归课文，读课文。有时进行随文识字也只是在讲读课文时遇到生字了，出示字卡或词卡，读一读，认一认，记一记，讲讲字义，回到句子再读一读。这种方法难以让识字教学焕发光彩，照亮学生，难怪学生这节课刚学的生字，到下一节课又忘记了。因此，我们要根据构字规律、文本特质及儿童心理，科学、灵活地设计识字教学活动，让学生享受汉字学习的乐趣，以培养学生对汉字学习的兴趣。

一、遵循构字规律，科学识字

从字符分析角度看，汉字所使用的字符有音符、形符、义符、记号4种。形符是古代汉字所特有的。古代的象形文字就是以形符表意的。古代汉字中的独体字，更是直接以形表意。教师在教学《口耳目》《日月水火》中的生字时

利用图文结合，让学生观察象形字的特点，了解汉字的演变过程，这样学生就能牢牢记住这些生字。独体字被用来组成合体字，便成为合体字的字符。这些独体字可以充当合体字的形符、音符或义符。传统文字学把形符和义符混为形旁，在汉字中起表义作用。也就是说，汉字字符可分为三类：跟整字所代表的语素在意义上有联系的字符是义符，在语音上有联系的是音符，在意义上和语音上都没有联系的是记号。在一年级下册《小青蛙》一课里，有"晴、情、清、请、睛"5个生字。教师在教学时可以组成以声符"青"为中心的汉字组块，引导学生读准这5个生字的音。再根据不同的义符，帮助学生区别汉字的字义："清"和水有关，所以是三点水旁；"晴"和太阳有关，太阳出来，天就放"晴"了，所以"晴"是日字旁……学生望字符，解字义，很快就能记住这5个生字的形并理解字义。

二、探究汉字字理，建立字族概念

对于带有新偏旁的生字，不仅要帮助学生认识偏旁，还要帮助学生理解偏旁表达的意思，从而达到准确识记，实现迁移理解，建立字族概念的目的。例如"玩"字是《小蜗牛》这一课要认识的一个带新偏旁的生字。文中句子：春天来了，蜗牛妈妈对小蜗牛说："孩子，到小树林里去玩吧，小树发芽了。"在课本最后一页的常用偏旁名称表里是王字旁，那这个王字旁和"玩"之间有什么联系呢？探寻王字旁的源头，它还有一个名字叫斜玉旁。"玉"作为独立汉字时是有点的，作为偏旁时点没有了，下面的横也变成了提。斜玉旁的字都和玉有关。这些珍贵的宝贝，用一个词来说就叫"珍玩"。"玩"原来是指把玉器拿在手里欣赏、把玩，所以"玩"也是斜玉旁。经过这次讲解，以后学生遇到王字旁的字时，脑海里就会跳出关于斜玉旁的本义，这有利于学生对汉字的理解和把握，并建立从一个字到一类字的字族意识。

三、掌握构字规律，形成汉字记忆系统

我们现在使用的汉字百分之八十都是形声字。但在教材里很多有规律的生字是被打乱且分散出现的。如果学生只是记住了作为符号的汉字，没有触及汉字背后的文化就容易把字混淆。教师要努力去发现每一篇课文中生字与生字之间的关联性，引导学生渐渐构建出一个属于自己的汉字记忆系统。例如：学习

《咕咚》，咕咚是两个生字，上课开始时教师可以让学生猜各种声音，并根据学生回答出示"呱呱""叽叽""吱吱"，引导学生得出形声字的规律：形旁表义——这些拟声词都是口字旁，表示和嘴巴有关；声旁表音——这些拟声词的读音和右边汉字的读音相同或相近。然后教师出示"咕咚"让学生按形声字的规律猜读音并说一说猜测理由，实现识字方法的迁移运用，使学生形成汉字记忆系统。

"汉字万千，始于字根，分流繁衍，万脉归宗。"我们要掌握"汉字科学"的基础知识，认真探讨学习科学的汉字教学方法，让识字教学变得有趣又扎实、灵动，追求教学高效率。

追根溯源巧认字，利用字族乐识字

廖雪云

汉字是中华民族的瑰宝，源远流长、博大精深。识字是阅读和写作的基础，是小学语文第一阶段的教学重点，也是贯穿整个义务教育阶段的重要教学内容。教学中采用的识字方法很多，但兴趣是最好的老师，小学生具有形象思维优于抽象思维、意义识记优于机械识记的特点，虽然有记忆力强的客观条件，但其主观上却喜欢理解识记。根据字理对汉字进行追根溯源，让学生感受到汉字的神奇，懂得每个汉字都是音、形、义的结合体，是充满智慧的语言符号，这样识字的过程就会成为学生喜爱的形式。汉字有百分之八十以上是合体字，独体字加上一定的部件就组成了一个新的汉字，这是汉字演变的必然结果。这些汉字之间的意义往往具有共同点，因此我们教学时可以由独向合，"顺藤摸瓜"，带出一大串具有同一构字部件的汉字来一起进行教学。"授人以鱼不如授人以渔。"运用汉字学知识，科学巧妙地解析汉字，激发儿童识字兴趣，在提高识字效率的同时，传授汉字文化知识，培养学生自主识字的能力，提高学生的语文素养。

一、追根溯源探寻汉字的源头，让学生通俗易懂地识记汉字

古人在造字时也是有目的的，不会随意画一个符号来表示一个意思，而是采用象形、指事、会意、形声等方法造字。我们在识字教学中如果能探寻汉字的源头，不仅能让学生了解祖国博大精深的文化，还能让学生知其然，又知其所以然，这样的效果肯定比让学生枯燥地读和抄写汉字强得多。

（一）图文对照，聚焦字形来源，轻松学习象形字

象形字来自于图画文字，但是图画性质减弱，象征性质增强，它是一种最原始的造字方法。汉字的基础是象形。象形字就是画物像它的形状，以此形状表达它的含义。现在的统编教材里也融入了象形识字、会意识字、韵语识字、蒙学识字等内容，注重汉字文化和传统文化联系，引领学生感悟祖国文字的博大精深，从而喜爱文字，对汉字学习产生兴趣。比如：一年级上册在学习汉语拼音之前就安排了识字4的《日月水火》："日、月、水、火、山、石、田、禾"，这8个生字都是象形字，而且书本上都配备了相应的图画和古文字，我们可以舍去其他识字方法，结合书上的图画和古文字好好讲读这8个汉字的起源，这样学生很快就能认识这些生字，并且了解我国汉字的起源，从而对学习汉字产生兴趣。

（二）利用字源，准确区分形近字

形近字对于低年级的学生来说是识字路上的一大绊脚石，他们看着长得像"双胞胎"的形近字一脸茫然分不清，书写时常常张冠李戴用错字。如果用死记硬背往往效果不好，今天记住了，明天又忘记了；如果充分利用字源对形近字进行分析比较，学生就能形象地区分并记住形近字。比如："乌"和"鸟"，这两个字都是象形字，"乌"与"鸟"字相比，正好切去鸟头上表示眼睛的一短横。画乌不点睛，这是为什么？我们知道，古人在造字时，对于象形字，需要抓住形象的特征。乌通体黑色（颈下有一些白羽毛的，古人称鸦）。乌的黑眼睛因和羽毛的颜色相同，看上去并不分明，所以"鸟"字点睛，"乌"则不见其睛。

（三）根据会意字构字规律，体验识字的乐趣

"合二三字之义，以成一字之义，使人观之而自悟。"这是会意字的构字特点。例如：一年级上册安排了识字9的《日月明》："日月明，田力男。小大尖，小土尘。二人从，三人众。双木林，三木森。"这是根据会意字构字规律编排的识字儿歌，通过朗朗上口的短句，揭示了会意字的构字特点。孩子们在诵读中可以感受到汉字构字的乐趣，进而激发起更大的识字热情。在学习过程中，我们可以借机告诉孩子们什么是会意字。如果我们只告诉孩子们后面那个字是由前面的两个字组成的，那么学生只是机械地记住了字形，对这个字的意义可能并不理解。如果我们告诉孩子们这些都是会意字，并且告诉他们每个会意字是怎样"会意"的，那么孩子们不仅能很快记住字形，而且会对字义印象特别深刻。

二、科学解析偏旁，提高识字效率

偏旁是合体字的组成部分，了解汉字的偏旁，明白它的表意表声功能和组合规律，就如同掌握了学习汉字的一把钥匙。一年级开始教学生学习掌握偏旁，不仅能帮助学生在以后的学习中快速学会使用部首查字法查字典，还能让学生系统识字，大大提高识字效率。

明白部首的表意表声功能与组合规律，就如同掌握了学习汉字的一把钥匙。例如：口部、口字旁、口字底作部首时，可以表示和嘴巴、语言或嘴巴的动作有关的事物，还可以表示一些其他方形的东西；彳部、双人旁作部首时，可以表示和走路、道路、距离、脚的动作或人的行为有关的事物；贝部、贝字旁、贝字底作部首时，可以表示和钱财、货币、贸易或装饰品有关的事物；心部、心字底、竖心旁作部首时，可以表示感情、气质、思想、表情，以及和心理活动有关的事物。有些孩子容易混淆"礻"和"衤"，只要掌握了它们各自的表意功能就能区分了。示部、示字旁作部首时，可以表示和神、祭祀、宗庙等宗教活动有关的事物；衣部、衣字旁、衣字底作部首时，可以表示和衣物有关的事物。

三、在识字中建立字族概念，让学生乐于识字

汉字中有百分之八十左右都是形声字，形旁表义，声旁表音。因此，根据不同的表音或表义的汉字字符，就可以组成不同的字符。把汉字回归到字族里，就如同把散乱的一颗颗珍珠串成了串，对精准识记汉字有着积极的作用，能举一反三，教一个得一串。

例如：教学一年级下册语文园地五的识字加油站时，学生读后认真观察会发现，这是以声符"包"为中心的汉字字族："有饭能吃饱，有水把茶泡。有足快快跑，有手轻轻抱。有衣穿长袍，有火放鞭炮。"在教材里很多有规律的生字被打乱，是分散出现的。如果学生只是记住了作为符号的汉字，没有触及汉字背后的文化就容易把字混淆。我们可以把相同字族的生字归拢到一起来学习，如教师在二年级下学期上了一节《用"手"巧识字》课，学生在一节课

里就轻松快乐地认识了整本书里所有的"手"族生字。上课开始,教师先让学生充分了解了象形字"手"的历史演变过程,知道"手"在合体字中作意符,所从字与手、手臂或其动作等义有关。"手"作为偏旁,楷书有几种写法:第一种是在字左边时。多数简作"扌",称作"提手旁",认识生字:抑、掬、拯、揪、挎、挠、拘、拒、扳。第二种是有少数的或在上部时,"手"的竖勾变成了"丿",认识生字:拜、掰、看。第三种是"手"在字底时多数不变,学习:拿、掌、攀、拳。第四种是"手"在字底时少数简作"横横竖",学习:举、奉。以后学生遇到"手"作偏旁的字时脑海里就会跳出关于"手"的本义,知道所从字与手、手臂或其动作等义有关,便建立了从一个字到一类字的字族概念。

根据字理对汉字进行追根溯源,能让学生感受到汉字的神奇,懂得每个汉字都是音、形、义的结合体,是充满智慧的语言符号。因此,在识字中建立字族概念,能帮助学生尽快走上快乐、自主、独立识字的道路,提高学生的语文素养。

参考文献:

[1]曹爱卫.低年级语文这样教[M].上海:上海教育出版社,2018.

[2]黄波.趣味识字教学[M].北京:中国轻工业出版社,2011.

回归本真的识字教学课堂形态初探

秦 政

依靠学生和依托生命的教育给我们带来了憧憬，使我们对下一代、对以人为本的和谐社会，以及创新国家的美好未来产生了充满希望的联想，从而引发了我们对教育的本体进行更多的思考。正如刘晓东教授在《论教育与天性》一文中提出："天性是不可教的，教育应对天性保持敬畏。"我们必须立足课堂教学主阵地，引导学生形成多元的思维方式和求真、向善的价值取向，创新课堂形态，研究提升学生生命质量的实践。

"万丈高楼平地起。"低年级是学习语言的黄金阶段，是打好语言基础的关键。科学研究证明，儿童年龄越小，语言发展能力越强。而对于刚走进校园的孩子来说，识字不仅是一项新的任务，更是一项重要任务。所以这一阶段，学生养成怎样的识字习惯和能力，对其今后的识字及整个语文学习影响很大。因此，如何让这场"课堂革命"摒弃传统的教学方式，以生为本，拓展课堂的内涵与外延，变"独角戏"为互动，把"自主、合作、探究"的学习方式落到实处，还需要我们在教学实践中研究和探索。对此，笔者谈谈自己对如何打造回归本真的识字教学的几点思考。

一、求真的理念

（一）心里有学生

为了了解班级学生的识字情况，我们课题组采取了问卷调查等形式来收集资料，并通过对问卷调查和访谈的结果进行统计分析，得到一些有意义的结论，以指导班级学生掌握正确高效的识字方法，以更有效地服务于教育教学。教师的教学要面向全体学生，运用字理教学识字更符合学生的认知心理，同时能满足学生的好奇心，让学生知道汉字怎么写，懂得为什么这么写，同时减少错别字。

（二）生本式课堂

课堂应该是生本的，而不是师本的、本本的，更不能为考本服务的。教师们总是想着给学生设计做法，如果考虑到整个事情都让学生参与，那不是过程和结果都有了吗？可见，我们需要深入思考课堂中"谁之事，谁来做"的问题，以及本体与主体的问题。把课堂还给学生，他们才是课堂的主人。

（三）语文味课堂

语文意识好比是语文的缰绳，缺少了这个意识，语文课就会"跑野马"，许多假语文、泛语文的倾向就会有机可乘。如果语文教师带着语文意识去设计教学、组织教学，语文课堂必定"语文味"十足，这样的语文课才是本真的语文课。

二、独特的设计

（一）"组串"识字，触类旁通——渗透学法指导

纵观我国数千年的识字教学经验，蒙童入塾第一件事就是识字，习惯于采取集中识字再读书的方法，《仓颉篇》就是秦汉以前的识字课本。文字学家许慎是"六书"说之集大成者，他的《说文解字》是按照汉字机构分类进行集中识字教学的。在教学"鸟"和"隹"字偏旁的集中识字教学案例中，为学生设计学习环境，教师出示课件"转盘"，删去雕字左边部分偏旁，更换成"堆"字，鼓励学生更换偏旁，转成新字并组词。例如：谁、推、唯、准、焦、售、崔、集、难、雅……汉字的大多数偏旁具有表意的功能，为了无痕又有效地点拨这一规律，一字开花、创作转盘、偏旁找朋友这样的识字环节设计有趣又有效。认知心理学认为，把有意识地将许多零散的信息单元整合成一个更有意义的信息单位，可以提高记忆的容量和效率。笔者认为这种科学的识字方法能更好地延展学生识字的思维广度。

（二）巧用"识字"，灵活运用——发展学生语言

教材中无论是集中识字还是分散识字，都有不少结构和意义相关的字串词串。如果对这些字词进行统筹规整，设计恰当的学习活动，引导学生发现其中的相关性，明确串联形式，进而降低识记的难度，在联系比较中扩充字词积累的宽度，这样的教学设计难道不是科学可行的吗？

例如：我们在教学一年级《棉花姑娘》中叠词作定语时的短语拓展学习：碧绿碧绿的（　　　　　），雪白雪白的（　　　　　　）。结合课文中的事物，拓展此类形式的短语，文本和插图都是习得语言很好的载体，接着利用这些素材创设有效的教学情境，使学生在拓展中丰满词汇。

（三）立足情境，灵巧掌握——培养识字兴趣

从传统意义上来讲，识字教学是一个单调乏味的过程。再加上低年级学生独特的心理特点，要求我们的识字课堂具有趣味性，是充满快乐的体验课堂。在教学中笔者发现学生识字的方法多种多样，不拘泥于一种。任何稚嫩的方法，只要能成为学生识字的"良方"，教师就不应该予以否定。例如：用猜字谜的方法能激发学生的学习兴趣，从字谜中牢记字形。还可以通过编儿歌、顺口溜识字等方法，这种方法以幽默、风趣、朗朗上口的特殊魅力来激发学生的学习兴趣，深受学生的喜爱。例如：教"聪"字时可以这样编一条顺口溜："小聪明，耳朵灵，会听课，总专心。"又如"高"字，可以编出：一点一横长，口字在中央，大口张着嘴，小口往里藏。教"画"字时出谜语"一块豆腐割四块，放进锅里盖上盖"，让学生猜这是什么字。再如认识"请、晴、情、蜻、精"时，教大家朗读顺口溜："牛羊肥壮草儿青，加上'三点'河水清；有目变成大眼睛，心里着急有事情，水边飞虫叫蜻蜓，换上'言'旁衣你出，再换'米'字真精彩。"小学生学习最大的特点就是注意力集中时间短。我们只有创设宽松和谐的活动氛围、有趣的活动方式，才能充分调动学生的兴趣，这样教学会显得轻松愉快，学生的思维也会十分活跃，使得学生在游戏活动中轻松学习和认识并记住"汉字"。接着是通过开展丰富多彩的活动，为学生创造展示的机会以激发其识字兴趣，让学生进入"游戏乐园"，使学生在轻松的氛围中记住汉字并能有效地防止生字回生，如"拼字游戏""词语接龙""找朋友"等。

三、多元的空间

（一）字源字理学习，延展思维广度

从甲骨文演变至今，已经有数年的历史，领会文字背后的奥妙，穿越时空，追溯文字的历史，了解它们的演变故事，理解其蕴含的智慧，同时学习与它们有关的趣味知识。最早的语文教学是伴随着文字教学开始的，在夏商西周

时代，识字教学日趋完善，出现的"六书"理论，即象形、指事、会意、形声、转注、假借，造字之本也。

我们都知道，"音、形、义"是构成一个字的三个因素，识字教学时，如果平均使用力量，面面俱到，就会使重点很难实现，难点更不易化解。另外，教师识字方法单一，教师教得辛苦，学生学得也很累，而且教学效果很不好，学生特别容易忘记。我国心理学家艾伟早就指出，用"六书"去解释生字，能建立牢固的形、音、义联系。教学实践也证明，深入浅出地剖析汉字的构字理据，有助于儿童的理解和记忆，能有效地提高识字效率。所以笔者在导入部分渗透字理蕴含的文化，让一个个汉字变成了一幅幅生动的图画。通过追溯汉字的本源，利用汉字的构字理据来识记汉字的方法。

（二）课中走向课外，资源整合学习

教学的本质是学。生活中识字，学以致用，处处从学生主体实际出发。引导鼓励学生想象、实践，让枯燥的识字教学成为培养学生发现兴趣和热情探索的热土，为学生一生的语言能力奠定坚实的基础，就是成功的识字教学的真谛，也是检验识字教学的唯一标准。考虑到坪山区地域文化实际情况——客家原居民多，对刚入校的学生识字教学有一定难度，我们开放文本，将学生从课中领到课外。例如：《操场上》一课，带着学生在操场认识活动设施和体育器材，并制作小卡片，学生在生活中识字，在活动中识字，同时我们引导学生关注生活中的汉字。利用学校汉字博物馆的资源，组织小导游介绍博物馆，借助汉字博物馆场馆内不同的汉字文化主题，使学生在真实情境中体验汉字文化，浸润汉字蕴含的中华文明智慧。汉字的博大精深呼唤起识字教学的宏大情境和教学艺术。

综上所述，良好的教学课堂形态对学生发展具有基础意义，打破了传统识字的教学模式，通过立与破，让学习更有深度。立在遵循教学内容的本身，破是需要教师立足教材，关注学生，对主题、语言、思维学习进行重整后再呈现。这样的回归本真的新样态课堂的实施，在培养学生养成主动参与学习活动的习惯，以获取"爱学""真学"的识字能力。

一棵树之所以美丽，其基本的条件是生活在蓝天白云下，有人施肥，生长的天性不被压抑。相信当我们的教育立场和教育心、教育眼都回归到人的生命本真上，从控制的课堂走向自由的天堂时，这样的课堂就是走向激扬生命的课堂。

浅谈小学生科学识字之教学设计

秦　政

　　语文作为基础性、工具性学科，是低年级学习的重要内容，并对其他的学科学习产生一定的引导作用。小学语文学习的适应性将会直接影响学生对学习的知识、能力、情感及态度，甚至关系学生对校园生活的态度以及人际关系与交往等方面。

　　因此，低年级的语文教育对学生的学习生涯具有非常重要的奠基作用。如何寻找有效的方法，开展低年级识字教学？这需要我们在教学实践中研究和探索，以教学设计为课堂教学的指挥棒。对此，笔者谈谈自己对如何进行科学识字的教学设计的几点思考。

一、字源字理，文化传承——延展思维广度

　　教育部指出，小学的教育教学必须严格执行"零基础""零起点"教学。这也意味着学生们在前期对于识字学习只有零星的生活体验和经历，而无半点的任何系统性的学习基础和引导。这让教师在实际教学中会遇到很多实际问题，如学生识字程度不一、识字环境不同、识字能力不同、认字速度不同、学生识字量不足等客观实际。

　　象形、指事、会意、形声、转注、假借是造字之本。汉字的雏形——甲骨文是识字的抓手，低年级的教学要抓好汉字的本源，科学地利用好甲骨文，为以后的语文教学打好坚实的基础。通过借助甲骨文，汉字能变成生动的图画，学生们更易于接受。

二、"组串"识字，触类旁通——融入学法指导

汉字本身结构复杂多变，有的字笔画也不少，新课程标准中要求的识字量又大大增加。如果缺乏识字方法，随着识字任务的提升，识字认字就会变得比较抽象，对学生的记忆力和辨识能力就会有更高的要求。

教师要注意在教学中结合学生的年龄等特点，擅用集中识字的方法渗透科学识字的技巧。在《神州谣》识字课中，为了更好地识记"涌"字，教师出示课件"转盘"，删去其偏旁，鼓励学生添加偏旁，转成新字并组词。例如：痛、勇、桶、捅、通……汉字的大多数偏旁具有表意的功能，借助转盘，给生字增加偏旁的识字环节有趣、有效。它顺应了记忆的规律，大大提高了学生识字的效能。

三、立足情境，灵巧掌握——培养识字兴趣

识字教学离不开情境，结合学生身心发展特点与普适教育规律，借助校内场馆及周边文化聚集的资源，能有效培养学生的识字兴趣，创造沉浸式体验，让学生在有声朗读亭感受语言的美妙和穿透力；在博物馆里体验文字的魅力和神奇。

教师们还集思广益，利用信息教育手段，让学生在形式多样的活动中潜移默化地内化语文识字知识。例如引导学生观看视频，激发其自主学习兴趣。学生在网上搜集图片资料，还有家长参与制作小视频《萌娃说汉字》，使学生在真实情境中体验汉字文化，浸润汉字蕴含的中华文明智慧。

四、巧用"识字"，灵活运用——发展学生语言

在教学《小青蛙》一课中，笔者尝试根据偏旁特点编字族儿歌进行积累，出示"青"字家族的情、清、请、晴，并努力创设一个学生入境的场景，使得学生在主动积极的学习环境中夯实基础，并补充拓展识字。

学习知识不是将知识灌输给学生，而是引导学生去发现、研究、熟悉、掌握，最后运用它们。在识字教学中，引导学生的方法五花八门，而不是千篇一律，我们应结合其生理和心理发展规律及特点，激发他们的识字兴趣，教给他

们正确的识字方法，拓宽他们的识字领域，多方位、多角度地培养他们的识字能力。

参考文献：

［1］张志公.传统语文教育初探［M］.上海：上海教育出版社，1962.

［2］吴立岗.小学语文教学研究［M］.北京：中央广播电视大学出版社，2004.

字源识字让教学提速增效

饶红群

字源识字，就是通过追溯汉字的本源、分析汉字的结构，利用汉字的构字理据识记汉字的方法。字源识字是一种遵循汉字属性与学生认知规律的识字教学方法。汉字属于表意性的文字，形象直观、逻辑严密、系统性强，所以有"形人心通"、易于理解的一面。教学中，深入浅出地剖析汉字的构字理据，有助于学生的理解和记忆，能有效提高学生的识字效率。

一、字源识字，帮助学生了解构字规律

我国心理学家艾伟早就指出，用"六书"去解释生字，能建立牢固的形、音、义联系。人在知觉事物时，总是要利用自身已有的知识和经验来加工处理眼前感知到的东西，并将其归入某一概念的类别之中。不同的经验和知识背景的人在感知同一事物时接受的程度是不同的，一个完全没有接触过汉字的学生在看到一个汉字时，会觉得它是杂乱无章的一个图形；而学了笔画和笔顺以后，就知道它的笔画顺序和搭配是有规律的。如果我们进一步帮助学生了解汉字的构字规律，他们识记的效果就会更好。

在教学《小青蛙》这篇课文时，教师采用"转转盘识字"的方法，教给学生以"青"为母体字的一组字——清、请、情、蜻、睛、晴，学生能大致知道它们的音和义，并把它们归入一定的系列之中。这就证明了在知觉过程中，理解所起到的重大作用。心理语言学家的研究也证明了这一点："许多研究发现，在小学阶段，对字形结构的分析及对形旁、声旁在汉字表意、表音中作用的认识，不是一般的视觉分辨能力，在学生阅读发展中起重要的作用，汉字组

合规则的意识是在学习汉字中发展起来的，并在学生的字词识别、学习生字词和阅读发展中起重要作用。"字源识字，正是遵循了汉字的属性与学生的认知规律所形成的识字法。

二、字源识字，拓宽学生的识字渠道

字源识字就是要充分挖掘汉字以形表义的内在特点和规律，利用多媒体技术再现古人造字时的原生语境，从追溯汉字字源入手，针对象形字、指事字学习创造各种场景，让学生身临其境，使其学习达到事半功倍的效果。

例如：学习《小猴子下山》中的"猴"字，教师先板书一个反犬旁，学生脱口而出。教师跟进："凡是带反犬旁的字，大多与什么有关？"学生补充："动物有关。"教师接着板书了单人旁，说："孩子们，我要写猴子的猴字，可我不明白，猴子是动物，带有反犬旁是对的，为什么还要带单人旁？"一石激起千层浪。

"猴子和人长得很像。"

"人是由猴子变化来的。"

学生的知识面真宽，众说纷纭，很多学生都知道人类的祖先是猿猴。教师就顺势简单介绍了人类的进化，再次回归到生字猴上："所以人们在创造猴这个字时，不仅用反犬旁表示猴子的类别，还用人字旁表示它和人的关系。"教师开始板书这个字剩余的部分，"猴子爱爬山，所以右上方是倒山框。它爬山从来不失手，总是一口气爬上去，下边就是丢失的失，只是上边不出头"。

三、字源识字，激发学生识字兴趣

（一）还原文字图画激趣

汉字最初起源于图画，适时地引用甲骨文、金文等，能激起学生学习汉字的无限热情。语文教材识字第二课就安排了象形文字的学习，学生学习时兴趣浓厚。在教学中，教师经常结合课文的生字教学，组织学生进行猜字游戏，出示一些古代汉字，让学生猜是什么字，学生兴趣有增无减。

（二）呈现演变过程激趣

看着一次次的汉字演变，就仿佛在欣赏一本本有趣的连环画，倾听一个个神奇的故事。例如：教学《雷雨》一课时，学生发现本课要写的字中有4个字是虫字旁的字，对于"蝉""蜘蛛"这三个字为什么是虫字旁，学生毫无疑义。但是，对于彩虹的"虹"字为什么是"虫字旁"，学生百思不得其解，并且对于"虹"字右边的"工"字也感到不可思议。

面对学生一连串的不解，教师是这样处理的：

第一步：出示"虹"字的演变过程。（甲骨文—金文—篆文—隶书—楷书）

第二步：让学生说说甲骨文的"虹"字像什么。学生会发现，像条神奇的长龙，头尾两端各张着大口，原来古人以为"虹"是雨后出来饮啜水汽的神龙，古人称龙为"长虫"，因此"虹"字是虫字旁。

第三步：观察金文、篆文的"虹"字，学生又会发现，左边像长长的虫子，右边是"工"。为什么呢？这时，教师再告诉学生，"工"在古代是巨大的意思，如江河称为"江"，大棍称为"杠"，大瓮称为"缸"，最长最大的豆称为"豇豆"。学生恍然大悟，原来"虹"就是大大的虫，就是长长的龙的意思。

四、字源识字，提高学生识字效果

（一）抓易错字

由于汉字中形近字和同音字较多，所以学生极易混淆。如果我们能让学生从字源上去认识、理解这个字，就可以大大提高识字教学的效率。

例如：在教学《女娲补天》一课时，教师发现学生书写错误率最高的是"冶炼"一词，于是利用字源识字法解决了问题。

师：怎么记住"冶炼"的"炼"字是火字旁？

生1：冶炼金属要用火，所以"炼"字是火字旁。

师：对！汉字是表意文字，可以根据字形推测出意思，也可以根据意思确定字形。

生2：为什么"冶炼"的"冶"字不是火字旁，而是两点水？

生3：我知道，打铁的时候，铁用火烧红了，就放到水里冷却一下，这叫"淬火"，能让铁更加坚硬。

师：你真博学，连这都知道。可是，这跟水有关，应该用——

生4：三点水！

师：对呀！用三点水，可是为什么"冶"字偏偏是两点水呢？（学生各个眉头紧锁，百思不得其解）

师：大家想知道吗？

生（齐）：想！（两眼放光）

师：告诉你们，古人冶炼金属时，先将矿石浸泡在水里一段时间后，再用火焙烧。古人希望通过这个两点水和火字旁告诉我们，冶炼金属要经历冰火两重天的考验。

第二天，教师对本课的词语进行了听写，"冶炼"一词的正确率跃居第一位。

（二）抠难写字

有的字笔画较多，字形较复杂，学生正确书写有一定难度。在教学《乡下人家》时，学生认为"率"字较难写，于是教师从字源入手，要求学生先把字写对，包括部件、笔顺等，再把字写好，包括笔画长短、大小比例等，最后要写出字的精气神。教师是这样指导的：

师：在所有的生字中，认为"率"字难写的人最多。我们一起来看，"率"字本义是渔网，中间是一张网的形状，两侧的点是什么呢？

生1：乱跳的小鱼。

生2：水滴。

师：是呀，这四点就像将网提起来时，水滴向四方外溅的样子。注意，四个小水滴朝四个方向，四个水滴各不相连。上下各一个"十"，是渔网上方便提起的竹竿。后来，上面的"十"变成了"京字头"。我们一起来写一写这个字（教师边范写，边念口诀）：一点一短横、撇折、撇折、点，先中间后两边四点，大大"十"字写下边，一横长长有担当，一竖直直有精神。

五、字源识字，培养学生热爱汉字之情

（一）想象意会，体悟意蕴美

汉字犹如一幅幅美丽的图画，又像一首首诗歌，给人极大的想象空间，充满了无限的意蕴。

例如：教学"雨"时，教师出示下雨的画面，让学生说说自己看到了什么。学生的想象瞬间被激活，有的说："这是绵绵春雨。"有的说："我看见

的是倾盆大雨。"还有的说："这是一场滂沱大雨。"

教师又问："你们听到了什么呢？"有的学生听到了雨落树叶沙沙作响之声；有的学生听到了潇潇暮雨洒江天之音，有的学生听到雨打芭蕉点点滴滴之响……教师引导学生进一步想象："看着雨景，听着雨声，你仿佛看到了怎样的画面？"有的同学看到雨中干裂的土地，咧着嘴巴拼命地喝水；有的同学看到池塘荡着涟漪……学生不仅看到了，听到了，还想到了……一个简单的"雨"字，带给每个学生多彩的画面、丰富的想象、无限的意蕴。

（二）朗读聆听，体会音韵美

汉字一字一音，就如音乐的鼓点节奏。中国的诗词歌赋用上押韵、叠词等语言形式，更是将汉字的音韵之美发挥到极致。因此，在语文教学中，第一是读，第二是读，第三还是读。特别是诗歌的教学，朗读尤为重要。在朗读与聆听中，汉字的音韵声声萦耳，句句入心，或铿锵如琵琶，或悠扬如竹笛，或迅疾如鼓点，或柔软如慢板……在如歌的旋律中，学生心中奏响动人的汉字之曲。

（三）观察书写，体现形象美

要写好汉字有以下三点。一看：看每一笔在田字格中的位置，哪一笔落在竖中线，哪一笔落在横中线，哪一笔斜，哪一笔正。看得准，才能写得像。二写：写的时候要一气呵成，不能写一笔看一笔。三对照：写完一个字后，再回过头看看范字，对照一下哪儿写得像，哪儿写得不像，发现问题并找到原因，力求一个比一个写得好。

（四）从艺术的角度看，在于变化

虽然汉字横平竖直，但绝对不是火柴棒般的线条组合。就一个简单的"横"，角度、起笔、运笔、收笔都有讲究；长横、短横、单横、多横各有不同，就写同一首诗，行草篆隶楷，各具特色。单单楷书，也各有风骨，难怪有人说汉字是舞蹈着的精灵。

字源识字，不仅可以帮助学生从汉字本源出发理解汉字的构造和意义，合理、准确、快捷地解决识字问题，而且注重充分挖掘汉字文化的丰富内涵，实现汉字教学的多重功能。在教学中结合教学的实际需要，采取字源识字可以有效提高教师的识字教学效率和质量，提高汉字教学的直观性和趣味性，实现有意义的汉字教学，还可以挖掘汉字的文化基因，帮助学生积累文化知识、发展思维能力，培养学生热爱中华民族优秀文化的思想感情。

多措并举 巧妙识字

饶红群

汉字文化博大精深，书写了中华民族的历史，承载了灿烂的中华文化，具有因义赋形、富于联想和书法艺术三大特点。识字教学应当牢牢植根于汉字文化沃土之中，让学生充分认识到汉字是中华文化的瑰宝，是中华民族智慧的结晶。识字教学应该为学生敞开文字背后的意义世界，将汉字所蕴含的意趣和智慧，以及所反映的文化精神展现给学生，让他们感受到汉字的魅力。

一、生活启蒙，激发识字兴趣

低年级学生年龄小，有意注意持续的时间短，而教材中的课文识字量大，一味地枯燥复现对学生来说难度较大，其学习兴趣会急剧下降。众所周知，兴趣是学生最好的老师，当一个学生拥有学习兴趣之后，他的学习主动性会加强，学习的效果也会得到明显提升。

（一）教材生活巧融合

学生最感兴趣的是贴近他们生活的内容，教师如果将学生熟悉的生活情境衔接所学内容引入课堂教学，学生就会更加努力自觉地掌握所学知识内容。教师要重视生活情境的创设，在教学的过程中结合教学内容再现学生平时熟悉的生活场景，然后引导学生置身于教师所创设的生活情境中去感受和感悟，并自主地获得知识。

在部编版语文教材识字单元《大小多少》一课的教学中，教师通过情境创设，引导学生发现课文写的是动物和水果的比赛。采用"观看比赛"的方式，把学生带到动物和水果的比赛中去，在识字环节，让学生结合图片和生字进行识字教学。在教学黄牛、猫、鸭、苹果、杏、桃时，教师在多媒体课件中配上相应的图片让学生直观感受，通过形象的图片感知，使得这堂课识字教学变得轻松不少。

根据低年级学生的思维特点，我们要想办法把一些抽象的文字具体形象化，在起步阶段就通过多种途径来营造识字教学的良好氛围，充分调动起学生识字的兴趣，不断激发学生去体验识字的乐趣。

（二）生活教材互促进

《义务教育语文课程标准（2011年版）》指出："识字教学要注意儿童心理特点，将学生熟识的语言因素作为主要材料，结合学生的生活经验，引导他们利用各种机会主动识字，力求识用结合。"部编版教材一年级下册的园地八中有一个"识字加油站"——认识卫生间里面的物品名称。在教学时，教师紧密联系生活，用学生已有的生活经验促进学生生字的学习。

1. 联系生活事物

（1）"盆"字中的"皿"字底，你猜猜代表什么？

（2）你生活中见过哪些"盆"？你能用简笔画画一画这些盆吗？观察你画的盆，在形状上你有什么发现？

2. 联系真实生活

（1）在自己家卫生间里找到牙刷、梳子、毛巾、香皂、脸盆等生活用品，分别给它们贴上名称标签。

（2）从卫生间里的10个词语中任选几个词语，说一两句话。

（3）出示家里房间的剖面图，用"物品+用途"的形式自主编写识字小报。

学生在生活的情境中学习生字，始终保持着高昂的兴趣，识字教学活动随之变得轻松愉快了。教学在学生无意中顺利进行着，学习与生活相结合，学生的学习效果也提高了。

二、游戏互动，调动识字自主性

低年级学生年龄小，贪玩好动，学东西学得快忘得也快。为了能让学生牢牢记住生字，就要反复巩固练习。巩固识字的最佳方法是带学生玩游戏，进入"游戏乐园"，它能使学生在愉快轻松的氛围中掌握字形，而且可以微妙地防止生字回生，使识字教学踏上"教师乐教、学生乐学"的理想之路。

（一）课前游戏识字

"击鼓传卡"：在学习新课前，总有一个检查复习的环节，教师将与复习有关的生字卡片分成几组同时发到学生手中，让他们在音乐声中以小组形式传递，音乐停止时，手拿卡片的同学就要站起来教大家读那个字。如果不会读，可以请其他同学来帮助。这样，学生在复习知识的同时不仅找到了互助互学的朋友，而且提高了动手能力和做事效率。不知不觉中，学生边玩边记忆了先前学过的字和词，心中充满了胜利的喜悦，接下来的学习会更加努力。另外，开小火车、对口令等游戏也可在复习阶段运用。

（二）课中游戏识字

1. 互助接龙赛

学生把自制字卡带入课堂进行接龙游戏。游戏以个人为单位进行，自己会读的字一个接一个读下去，不会的放在一边，请教本组中的"小老师"。学生互相帮助，使自己的生字接龙不断进行下去，最后以接的最长者为优胜者。这种方法也可以用于检查一课、一单元或更多的生字学习情况。

2. 勇闯"红绿灯"

这是学生比较喜欢的一种游戏，因为可以全体参与。学生通过"开火车"的方式认读生字卡片，由听读的学生充当"红灯"和"绿灯"。如果"开火车"的同学读对了，大家就亮出"绿灯"，齐声喊"过过过"。如果"开火车"的同学读错了，大家则亮出"红灯"，并齐声说"停停停"。这个游戏充分调动了全体学生的积极性，也能在课堂上真实地反映出学生的识字情况，便于教师及时纠正，并有针对性地进行巩固。

3. 巧用翻图片

例如：教一年级上册《小小的船》一课，教师把自制的教学挂图中的金闪闪的星星背后写满本课的生字"船、弯、坐、蓝"等，然后让学生乘着小小的船去翻一翻星星背后的秘密。学生很兴奋地发现背后的秘密，仅用了短短几分钟时间就学会了本课全部生字。

（三）课后游戏识字

1. 打牌游戏

学生自制牌形生字卡，在课后玩打牌游戏，边出牌、边读出字音，再组词读（组词越多越好），谁先把手中的汉字牌打完，谁获胜。在此游戏中，为了取胜，学生会积极认字，有不会读的和不会组词的会主动想办法解决。这种游戏识字方法既可应用在复习一课的生字，又可以用在对一单元生字的复习。

2. 带头饰表演识字

学生把各种小动物的头饰戴在头上，扮成小动物，表演模仿动物的声音、动作、外形特征。识字时常安排学生演一演，既给学生创造了施展才华的机会，又加深了学生对小动物的了解，更重要的是学生牢牢记住了动物的名字。例如：在巩固《大小多少》这一课的生字时，教师让学生戴上黄牛、花猫、鸭子、鸟等动物的头饰表演，这样一来学生既丰富了识字方法，又提高了识字效率。

教师在教学中还发现，学生比较感兴趣的识字游戏还有：放大法、送字宝宝回家、给字宝宝找朋友、识字大比拼、我是小老师、识字大王等。通过各种各样的游戏，让学生在玩中学，在玩中将所学的生字加以巩固和运用，学生的识字能力提升得更快了。

三、方法引领，提高识字效率

"授人以鱼不如授之以渔"，交给学生识字的方法，提升学生的识字能力，远比让学生掌握汉字本身重要得多。我们在识字教学中，要跟学生一起总结一些记字形的方法，放手让学生去说，使其体验成功的喜悦，让学生在整个学习过程中主动参与、积极思考、大胆探究。在一年级上册的教学中，笔者和笔者的学生总结出了以下识字方法。

（一）联想法

例如：识字（一）当中《日月水火》这一课，笔者首先引导学生观察课文中各插图，认识事物，了解各事物的形状特点。其次引导学生观察多媒体课件上古人所造的相应的象形字，让学生将图形与字相比较，从形状上了解相似处，认识象形字。再次引导学生观察各幅图下现代汉字的形状，将图画、古象形字、现代汉字三者综合比较，了解相似处和象形字与现代字之间的演化。最后通过拼拼读读来认识相应的现代字。

这样的教学，培养了学生观察、想象和认字的能力，让学生了解古人造字的规律，了解祖国的汉字文化。最重要的一点是，先观察汉字，再联想事物，最后识记字形的学习象形字的方法已渗透在教学当中，为学生今后识记象形字奠定了方法基础。

（二）偏旁法

识字中，最主要的一块还有认识偏旁，它将有利于学生更快、更多的识记汉字。部编版教材在《大小多少》这一课中，安排学习的反犬旁和动物有关，教师让学生在学了反犬旁之后，在书本里找找还有哪些字也是"反犬旁"的，学生找出了"狗""猴"，当天的家庭作业还布置了这样一项：在你看的故事书中，也找一找"反犬旁"的字并认一认。第二天，学生告诉教师找到了好多带反犬旁的字，有"猪""狼""狐狸""猬"等。这样做，其实就是让学生掌握偏旁归类认字识字的方法，并用此方法去学习后面课文中的生字。时间长了，学生掌握偏旁和独体字的量就多了，可以让学生学着把偏旁和独体字组合成新字，通过加一加、减一减、换一换等方法，如口+门=问，地-土=也，把-扌+父=爸……以此巩固所学生字，提高识字效率，熟练掌握偏旁归类识字的方法。

（三）语境法

汉字的学习永远离不开语文环境，我们要让学生知道每个字都不是孤立存在的，不同的字可以构成不同的词，不同的字词组成了不同的句子，表达着不同的意思。在课堂教学中，我们应该让学生养成圈点生字的习惯。部编版教材中每篇课文中的语言都很贴近学生生活实际，我们要根据不同的教学内容、语言材料，设计不同的教学方法，帮助学生识字。

在平时的教学中，教师可以先让学生借助拼音熟读文中语言，粗浅了解课文的大致内容，然后再结合语言和生活实际识记字形、了解字义，接着让学生充分运用所学字词练习组词、说话，使学生丰富词汇、语言，引导学生创造性的表达。

在部编版教材课文《秋天》一课中，教师在教学识记"秋"这个字时，除了用简单的"加一加"的办法外，还引导学生说一句话。学生有的说："秋天到了，树叶一片一片飘下来。"有的说："中秋节，我们全家吃月饼，看中秋联欢会。"有的说："秋天，一群大雁往南飞。"

总之，在一定的语言环境中进行运用，识字的效果是比较明显的，就是让学生用字组词，用词造句，让学生读短文、学说话等，尽量及时为学生创造练习和运用新字词的机会，使学生和学过的字词反复见面。这样既提高了学生的识字能力，又发展了他们的语言综合能力。

四、字理而教，传承汉字文化

字理识字就是运用造字原理，依据汉字构字规律识字。在识字教学中，教师要引导学生在识字中逐渐了解、体会和总结汉字本身的规律。汉字字形虽然复杂但仍有规律可循。部编版教材安排了两个专门的集中识字单元，同时在语文园地中专设栏目"识字加油站"，以丰富多彩的识字形式，如字理识字、传统蒙学识字、事物归类识字、儿歌识字，来激发初入学儿童学习汉字的兴趣。教师要用好教材，引导学生从字的源头学起，让学生知其形，晓其意，明了汉字的演变及其历史文化。

（一）新颖别致识得欢——字理识字

从汉字的构字特点来看，文字学上有"六书"之说。新部编版一年级语文教材中安排的象形、会意与形声较容易为学生理解，教材对此做了相应的安排。一年级上册的《日月水火》《日月明》展示象形、会意的造字方法，既可以增加趣味，又可以加深记忆。

例如：《日月明》中"力"字的教学，教师出示了"力"的字理演示图。力原来是古时候的一种翻土工具，古人们根据它的样子造出了"力"字。

一年级下册主要以呈现形声字的构字规律为主，如《小青蛙》《动物儿歌》，"识字加油站"中的"包字族"识字。《小青蛙》和"包字族"识字通过母体字"青""包"与不同形旁的搭配，构成不同意义的字，让学生了解形声字形旁表义、声旁表音的特点。在教学中，我们还可以引导学生按照例文"有饭能吃饱，有水把茶泡，有足快快跑，有手轻轻抱……"的句式来描述其他的字族。通过创编"字族儿歌"使学生形象地记住这些生字的偏旁特点。《动物儿歌》通过展示各种有"虫字旁"的动物名称，使学生继续体会这一规律。此外，像《姓氏歌》、"识字加油站"中的"加一加与减一减"，都体现了合体字的构字特点。

（二）百花齐放识得广——同类事物列举识字

在同类事物的列举中，学生可以有效地激发起想象和联想，在同类事物之间、记录同类事物的汉字之间的相互关联中学习生字，从而提高识字的效率和效果。

例如《操场上》和"识字加油站"中的"身体器官"。以"操场上"为例，这篇识字课文首先列举了六项体育运动——打球、拔河、拍皮球、跳高、跑步、踢足球，记录这六项体育运动的主要动词，其字形有着共同之处，"打、拔、拍"都有为"扌"，"跳、跑、踢"都有为"足"。学生通过自己的观察，一方面可以发现这些生字的共同之处，感受汉字的构字特点；另一方面可以联系自己的生活实际，加深对生字的记忆。

《青蛙卖泥塘》一课中的生字"缺"是由两个偏旁"缶"和"夬"组成的，教学时出示古时候人们用来盛水的陶罐，让学生理解"缶"这个偏旁的意思，然后让学生观察"缶"的演变过程，说一说识记"缶"的方法。"缶"是一个象形字，上面的撇和横表示罐子的盖，中间的"十"表示罐子两边的耳朵，下面的竖折和竖表示罐子的大肚子。教师在教学时引导学生观察，敢于把汉字和物体结合起来大胆想象，学生看到"缶"字，就想到瓦罐，"缺"的右边像是一个人拿着木棒把水罐打破了，罐子缺了一块，这两部分就组成了"缺"字。教师引导学生在同类事物中学习新字，学生记忆会更加深刻。

（三）巧借蒙学识得趣——传统蒙学识字

蒙学教育产生历史久远，在悠久的历史长河中，蒙学教育出现了种类齐全的蒙学识字教材。而结合小学生不同的学习阶段，蒙学识字又都有相应的改变，它采用通俗易懂的文学表达方式，让小学生在快乐中将识字与写字变得轻松起来。蒙学教育给学生带来的不仅是背诵，更多的是给他们一个认识汉字的钥匙，让他们体会到语文的魅力、人文的魅力及正确的审美情趣，使得识字与蒙学教育有效结合起来。而这正是蒙学对小学低年级识字教学的作用所在。

部编版教材借鉴古代蒙学读物《三字经》《百家姓》《声律启蒙》的形式，加以改造，在教材中编入了《人之初》《姓氏歌》《古对今》《春夏秋冬》，让学生在有节奏的吟诵中识字，不仅读起来朗朗上口，而且语言典雅，富有文化内涵。

总之，小小汉字，奥妙无穷。"人生识字聪明始"，识字能力是学习能力的基础。只有提高了学生的识字能力，才能帮助学生更好地学习语文。教师要充分发挥主导作用，结合学生的思维特点，调动学生的多种感官，使学生积极地参与识字教学，处处从学生主体的实际出发，鼓励学生想象、实践，使学生获得成功的喜悦，从而使枯燥的识字教学成为培养学生发现兴趣和热情探索的热土。

参考文献：

［1］徐莉.寓教于乐轻松识字——小学低年级识字教学探究［J］.小学教学研究，2011（26）：43—44.

［2］姚艳.浅谈如何进行小学低年级语文识字教学［J］.中华少年（研究青少年教育），2012（17）：214.

［3］林冬梅.识字教学，应回归生活本源——关于低年级识字教学的思考［J］.考试周刊，2009（10）：232.

提升识字教学效率的几点策略

——以统编版一年级下册《古对今》教学为例

双莉华

在低年级的识字教学中，存在一种模式化的教学方式：借助拼音拼读，出示生字、词认读，去掉拼音再读，说说识字方法（此处的方法主要指"加一加、减一减、换一换"等简单识记字形的方法）。这种模式化的识字教学方式，既截断了汉字音、形、义之间的联系，割裂了汉字学习与语境的关系，又极易造成学生的"审美疲劳"，降低学生的学习兴趣。如此一来，教师教得辛苦、低效，学生学得费劲、被动。"教是为了不教"。要打破识字教学"少、慢、差、费"的现象，教师就必须以教材为依托，改变模式化的教学方式，因"人"而变、因"文"而变、因"时"而变。只有这样，才能提高识字教学的效率。

统编版小学语文教材与原人教版教材有很大的不同。就一年级下册教材来说，大幅度更新了课文，使教材在更具有时代感、更贴近儿童生活的同时，注意优秀传统文化的渗透，把语文知识、能力、方法、习惯、情感态度、价值观等融为一体。下面以统编版一年级下册《古对今》的教学为例，谈谈识字教学的几点策略。

一、以学定教，识字有方向

顾名思义，"以学定教"就是根据学生已有的认知水平和知识储备，选择适当的教学内容和教学方式，"教得法子要根据学得法子"。在小学低段的母语学习中，起点为零的学生几乎没有，很多学生在入学前就有了一定的识字量，对课文中的生字并不是全然不认识。这就意味着有一部分生字是学生已经掌握的，不需要教师再在课堂上进行教学，教师需要重点教学的是那些学生还没有掌握的生字。对于这部分生字，教师可以用相对多的时间和精力进行教学，让学生在充分学习中全面掌握，从而提高识字教学的效果。《古对今》一课共有12个生字，课前教师可以让学生说一说自己已经认识哪些字，哪些字不认识，做到心中有数，进而合理地安排教学的重点和难点。比如，"严寒""酷暑""朝霞"等生字、词，学生就不太熟悉，教师就要想办法让学生不仅能正确认读，了解它们的字义，还能正确地运用。"以学定教"，教师把功夫花在刀刃上，教学有的放矢，自然教学效率会更高。

二、遵循规律，识字有方法

汉字作为音、形、义的结合体，是有一定规律可循的。汉字具有象形、会意、指事、形声等特点，结合这些特点进行教学，既能够让识字教学更加具体生动，又能让学生在识字过程中了解进而掌握汉字的构字规律。《古对今》中的"酷"和"杨"都是形声字，"酷"字中的"酉"本意是酒的意思，也有酒香浓之意，而"酷"在本文中就是表示程度很深，相当于很、非常。了解了"酷"的意思，学生对于"酷暑"一词的理解也就水到渠成了。今后，学生在看到"酷爱""残酷"之类的词语时，也就能很快明了它们的意思了。又如，在教学"杨"字时，学生根据形声字规律识记、理解了"杨"后，依据左边表义、右边表音的特点，还可以拓展学习"扬、汤"等一串字，大大提高了识字的效率。

三、适时提问，识字有效率

学习的过程其实就是发现问题、解决问题的过程。没有问题意识，学习的效度就会大打折扣。在识字教学过程中，教师要针对学生的课堂反应，适时提出问题，引发学生思考，并留足时间，让学生的思维得到训练。比如：朗读的时候问一问学生：有没有发现每一句话最后一个字的读音有什么相似之处？教学"暑、晨、朝、暮"等字时提醒学生：你发现这些字有什么秘密？严寒是非常冷的意思，那么酷暑是什么意思？对韵歌中每组相对的两个词是什么关系？……这些问题可以引发学生一次次的思考，带动学生一次次的"头脑风暴"。这样，识字的过程就不再是简单机械的识记过程，而是学生思考、总结、迁移、构建的过程，是学生积极主动地自我提高的过程。

四、追溯字源，识字有深度

建立在象形基础上的汉字，每一个字都有其历史渊源。教学时可适当追溯汉字文化渊源，让学生了解字形的演变过程。《古对今》中的"寒、朝"都是会意字，教学时出示它们的古文字形，让学生猜一猜意思，帮助其理解记忆。例如"寒"字的金文"圜"，是指一个人在一间屋子里，脚下是冰，即使在屋子里放稻草取暖也无法御寒，表示天气很冷。"朝"字的甲骨文"㲋"，是指太阳从草丛中升起来，而此时月亮还没有消失。通过这样的学习，学生不仅对汉字有了更深刻的理解，还体会到了祖先造字的高超智慧，感受到汉字的魅力，感受到中华文化的源远流长、博大精深，从而乐意识字、爱上汉字。

五、活动多样，识字有趣味

俄罗斯教育家乌申斯基曾精辟地指出："注意力是我们心灵的唯一门户，意识中的一切，必然都要经过它才能进来。"低年级学生对同一事物的关注时间很短，长时间将注意力集中于一点非常困难。教学过程中，如果教学活动方式单一，就无法将学生的注意力集中到要学习的内容上来。游戏是儿童的天性，如果将学习内容通过多种形式的活动呈现出来，学生就会乐在其中。当前，识字教学中频繁采用的识字活动主要有开火车认读、小老师带读、编字谜等几种，缺少变化和新意，对学生的吸引力越来越低，识字教学效果大打折扣。教师应依据具体的学习内容和学生的身心特点，创设多种形式的教学活动，让识字教学有趣一些，以激发学生的识字兴趣，让学生更积极主动地参与学习活动中来，以提升识字教学的效率。

（一）拍手朗读

《古对今》是一首对韵歌，节奏明快，音韵和谐，读起来朗朗上口，可以让学生打着拍子来读，读出对韵歌的韵律和气势，在轻松愉悦的氛围中读准生字的音，感知生字的形。

（二）找对子

给学生每人准备一张词语卡，让学生根据对子的特点找出能和自己卡上词语相对的词语，在对对子的过程中再现生字，在生生互动的过程中检测识字效果，进一步巩固识字效果。

（三）图词对照

对于一些比较抽象、难以用语言来描述的字词，如"莺歌燕舞、鸟语花香"等，可以通过展示图片，引导和指点学生把词语和图片相匹配，从而直观感受字词的意思。

（四）微课讲解

在运用字源识字时，可以通过播放微课来展示汉字的演变过程，以取代教师口头讲述的方式，给学生以新鲜感。

综上所述，统编版语文教材的使用，给学生的识字提供了很好的范本，也给教师的识字教学带来了新的挑战与机遇。只有从学生的实际出发，着眼于学生学习积极性、主动性的提升，以精准的目标意识导向教学，运用有效策略开展教学，才能突破识字教学的瓶颈，提高识字教学效率。

遵循规律，提高识字教学效率

——以"火"字教学为例

双莉华

"高消耗、低效率"是小学低年级识字教学中一直都存在的问题，其根本原因在于识字教学没有关注汉字构字的规律，没有把学生的认知特点与汉字构字规律结合起来。要提高识字教学效率，就必须遵循汉字的构字规律和学生的认知特点进行识字教学，让识字教学更科学、更有效。

一、遵循汉字构字规律，进行识字教学

《说文解字》说："仓颉之初作书，盖依类象形，故谓之文。其后形声相益，即谓之字。文者，物象之本；字者，言孳乳而浸多也。"人们把单独的、不可分解的象形字、指事字等独体字统称为"文"，把合体的、可以分解的形声字和会意字等合体字叫作"字"。《说文解字》对"文"与"字"的解释，蕴含了汉字的构字规律。在教学中，教师要善于利用汉字的构字规律开展识字教学，以求事半功倍的教学效果。

（一）还原图画，聚焦字源，教学象形字

象形文字是依据事物的样子进行描摹而形成的文字，它来源于图画，其形状在一定程度上能直观地表现出其本义。可以说，最初的文字其实就是可以读出来的图画。小学低年级学生主要以形象思维为主，教师在识字教学中如能以直观、形象的方式来呈现汉字，在抽象的文字和学生的日常生活之间搭一座桥，就能帮助学生更好地理解、识记汉字了。因此，在进行象形字教学时，教

师可以借助象形字保留事物形态、具象鲜明地表示意思的特点，把抽象的文字符号还原成图画，在文字符号与鲜明图画的对照中，带给学生形象直观的感受，潜移默化地渗透汉字的魅力。

例如：在教学"火"字时，教师先通过出示火的图片导入，引起学生的关注，然后出示"火"字的甲骨文，告知学生这是"火"字最早的样子，让学生仔细观察火的图片和"火"字的甲骨文，引出要学习的"火"字。在学生读准字音后，出示"火"字的甲骨文、金文、小篆和楷书等形式，让学生直观地感受"火"字的演变过程，为学好、写好"火"字做好铺垫。如此，通过聚焦"火"字字源，还原"火"的形状，引导学生由"图"走向"文"，在看一看、猜一猜、读一读、写一写的过程中学习了"火"字的音、形、义。

（二）音形结合，理解记忆，教学形声字

在《说文解字》收录的汉字中，形声字占了80%以上。到了现代，形声字比例进一步提高，是现代常用汉字的主体。形声字是在象形字的基础上形成的，是由两个"文"或"字"组成的，其中的一个"文"或"字"表示事物的类别，另一个则表示事物的读音，即形旁表义、声旁表音。因此，教学象形字时，教学内容不应仅仅局限于象形字本身，而应在学生认识了解其音、形、义的基础上，依据形声字形旁表义、声旁表音的特点，把教学内容适度拓展到以它为形旁或声旁的相关汉字，顺势学习一串同一形旁或声旁的汉字。这对降低学习难度，增加学生的识字量，提高识字教学效率大有益处。

比如：在学生了解"火"字的演变过程后，让学生联系生活说说火的用处，说说哪些字里有"火"字，由此引出"烫、燥、煲、烧、炖、炸、炒"等常见的形声字，让学生观察这些字，寻找这些字的相同之处，即这些字表达的意思都与火有关。再聚焦到一个字来引导学生发现形声字"声旁表音"的特点，又如：教学"烫"字时，告知"汤"的读音，让学生比较"烫"和"汤"的读音，从而发现这两字读音相近，引导学生说一说像"燥、煲、烧、炖、炸、炒"这类字左右或上下两个部件与字的关系，理解形声字形旁表义、声旁表音的特点。最后让学生根据形声字特点猜读这些字的读音，引导学生借助形声字的构字特点去理解记忆这一类汉字。

（三）分解组合，领会新意，教学会意字

会意字是指用两个及两个以上的独体字，根据事物间的某种关系组合而成的一个新汉字，是合"文"为"字"。它不仅仅是几个部件的简单组合，更是这几个部件意义的融合，具有新的含义。教师在教学会意字时，可让学生把会意字中的部件拆分开来解释，然后再把几个部件的意思综合起来，形成对其含义的大概印象。例如：教学"火"时，教师出示"炎"和"炙"二字，让学生说说它们分别由哪些字组成，并猜猜这两个字的意思。两个"火"叠在一起表示非常热，所以夏天的时候，常常会说天气炎热。而"炙"字上面是一个月字，"月"古时表示肉，下面是一个火字，肉在火上，意思就是用火烤肉，也指烤熟了的肉。如此多次练习，学生大多能"望文生义"，理解会意字的意思，尽管不是十分准确。

二、遵循学生认知特点，进行识字教学

（一）联系生活，深入理解字义

学生处在母语环境中，其在课堂之外吸收、积累的字词要比我们预想的多很多，但这些积累是无意识进行的，所积累的字词无序地存放在记忆中。因此，学生在实际的学习生活中很少有意识地去运用这些字词。识字是为了更好地阅读和表达。识字教学中，教师要创设条件帮助学生获取生活经验，对所积累字词进行梳理，挖掘汉字内涵，深化对字词的理解，以更好地运用。

例如：在学生会读、会认"火"字后，教师出示火的动态图片，让学生说说看到火后的感受，然后顺势说道："火就是物体燃烧时所发的光，它照亮黑暗，温暖寒冬。"接着出示了三组词语：①火焰、火花、火光、火球、灯火；②火速、十万火急、火烧眉毛、心急火燎；③发火、怒火、火冒三丈。引导学生在选词联系生活说话的过程中，体会三组词语中火字含义的不同：火字除了它自身的含义外，还有从它的特点引申出去的含义，如表示情况紧急、生气、红色等等，明白了火字在不同词语里的意思有可能不一样，它具有多种含义。

（二）激发兴趣，引导主动学习

成功的教学所需要的不是强制，而是激发学生的兴趣。学生最感兴趣的是贴近他们生活的内容，将学生熟悉的与学习内容相关联的事物引入课堂教学，能吸引学生主动去掌握所学知识内容。火与人们的生活息息相关，众多美食佳肴的名字中就藏着它的身影。为此，教师设计了"看图猜美食"的游戏。教师把"香煎豆腐、小鸡炖蘑菇、水煮鱼、烤鸭、葱爆羊肉、红烧肉、炸酱面、蒸

饺、油焖大虾"等美食图片呈现在学生面前，视觉上的直观刺激会让学生的精神亢奋起来。学生在猜一猜、连一连、说一说的活动过程中，不仅对"炖、烤、爆、烧、炒、炸、焖"等字有了更深的理解和记忆，而且能主动借助形声字的构字规律，知道"煎、煮、蒸"等字下面的四点底是"火"字的变形，从而对"火"字有了新的思考和认识。

（三）以点带面，建构汉字体系

每一个汉字都是一个集音、形、义于一体的独立系统，同时与其他汉字有着某种联系，从而构成了一个汉字大系统。在进行单个字的教学时，要注意把字放到汉字系统中去，找准它在汉字系统中的位置，然后再去讲解。对于与其他汉字关联不多的汉字，可以花少一点时间，讲得简单一些。而对于那些虽然构型简单，但构字率高、与其他汉字关联很大的基本字，则要舍得花时间，讲得透彻一些。比如：在教学"火"时，不仅可以通过"还原图画、聚焦字源"的方式了解它的音、形、义，还可以从它的本义出发，引出与火关联的"烫、燥、煲、烧、炖、炸、煎、熬、蒸、煮"等形声字和"炎、炙"等会意字，让学生对与"火"字关联密切的汉字进行系统的学习，在脑海中建构一个以"火"字为中心的汉字体系，便于学生识记、理解和运用。

综上所述，在教学像"火"一类的基础字时，教师要了解此字的构字规律，依据汉字规律和学生的认知规律展开教学，在引导学生学好这一个字的同时，引导学生了解与之相关联的一串汉字，让学生在学习汉字的过程中建构一个个汉字系统框架。这样，学生在今后的学习中才能将相关联的汉字自觉地纳入既有的汉字系统中，增强学生的自主识字能力，确实提高识字教学效率。

参考文献：

[1] 李贵生.字理识字教学应遵循科学的理论原则 [J].河西学院学报，2017（4）：112—117.

把脉识字教学，提高识字效率

——部编版语文一年级下册《要下雨了》教学案例

陈奕媚

汉字是世界上最古老的表意文字之一，它的历史源远流长。生动形象的造字机制，几千年来不间断使用所保存下来的文化信息，都从不同侧面展示了中华民族的生活理念和悠远记忆，呈现出汉字的博大精深与缜密。识字教学是小学语文教学的重要任务。尤其是低年级，许多课时都是围绕识字教学展开的。而低年级学生年龄小，思维能力低，这与教材要求的识字量之间形成了突出的矛盾，更与"汉字难认，汉字难学"的客观事实形成了强烈的反差。为了解决这些矛盾，必须着手改革识字教学，为中、高年级语文教学，甚至学生的终身教育打下扎实的基础。如何探索一条识字教学的有效途径，教给学生正确、快速、高效的科学识字方法，已经成为小学识字教学亟待解决的一个重大问题。

一、捕捉特性，遵循规律，探索识字教学的特点

（一）字形识记是难点

大量的研究表明，在汉字音、形、义三要素中，字形识记难于其他。要突破难点，就必须做到把字形教学摆在重要的位置，还要从方法上降低字形识记的难度。在众多试图降低字形识记难度的途径中，依循汉字规律是最为有效

的。例如：《要下雨了》中的"沉、潮、湿、消"都是三点水旁的字，分部件识记的时候可以结合词义引导学生关注含三点水的字与水有关，再联系生活识记。

片段一：认识"沉"字

师：要下雨了，在小白兔看来，天空是什么样的呢？

生1：阴沉沉。

师：学生小火车接力读——"阴沉沉"。

师：老师一手拿书，一手拿笔，书和笔哪个更沉呢？

生2：书比笔要沉。

师："沉"字有个好朋友，意思跟它相同，你知道是哪个字吗？

生3：重。

师：原来，"沉"也含有重的意思，"沉"和"重"可以组成词——"沉重"。和我一起读"沉重"——

生（齐读）：沉重。

师：所以，"沉"的反义词是——

生4：轻。

师：沉对轻，跟我一起说沉对轻——

生（齐读）：沉对轻。

师：请看老师变一个魔法。这是普通的石头，如果就这样放入水中，会怎么样呢？请你仔细观察。

生5：石头沉到水下去了。

师：是的，石头沉入了水中。如果把纸片轻轻地放在水中，你会观察到什么呢？

生6：纸片安然无恙地浮在水面。

师：我们又找到了一对反义词，那就是沉对浮。

师：我们用同义词法和反义词法认识了沉字的读音和含义，课文中还有其他带有三点水的生字，你能找出来吗？

这种做法是充分利用汉字内部结构的系统性，让学生的已有知识系统发挥作用。在新课中，教师帮助学生建立生字分类意识，利用已有知识系统学习新知识，或者以一个汉字为典型例子教会学生学习其他类似生字的方法，从而做到触类旁通，举一反三。"授人以鱼不如授人以渔"，学生掌握的学习方式越多，要学习的新内容就越容易。遵循汉字的系统性，可以提高信息的冗余性，从而降低识记难度。又如，在学习《小青蛙》一课的生字词"清、请、精、情、晴、睛"时，学生对三点水、言字旁、米字旁、竖心旁、日字旁、目字旁等都是熟悉的，只有"青"是新信息，相对信息量只占14.3%。因而，系统地学习一串汉字将比孤立地学习相同数量的汉字的难度大大降低。

（二）科学识字是重点

从面对汉字的初步感知到汉字不在眼前就能把它一笔不差地再现出来的识记过程，就是信息的储存和检索的过程。识字时因形求义，建立音、形、义内在联系就是对汉字进行充分而深刻的加工，不仅能大大强化记忆，还可以借此推论出本来已经忘记的字形或字音。

片段二：认识"伸"字

师：弯腰割草的小白兔割啊割，割得腰都酸了。它做了一个舒展筋骨的动作（教师伸展胳膊），课文中是用哪个字形容这个动作呢？

生1：伸。

师：谁来当小老师讲讲这个字？

生2：这个字跟"神仙"的"神"很像，伸伸懒腰就像神仙一样舒服……

生3：工作久了，如果可以伸伸手，舒展筋骨，就会感到无比惬意……

师：单人旁表示一个人，右边部分是申请的"申"，读音也是"shēn"，左边表形，右边表音的字是什么字？

生4：形声字。

师：学会了"伸"字，让我们伸展筋骨，放松身体，一起伸个懒腰吧！

学生做动作理解字义。

美国心理学家米勒提出了"组块"的概念，他认为，对信息进行组织，使其成为组块，会扩大该系统的容量。教师引导学生依据汉字的理据性，把整体的汉字分解为有内在联系的几个义符，有时还有音符，是组块的一种方式。依据汉字的系统性，以义符、声符、本义为中心把汉字组成一个个字组，成串地识字，是又一种形式的组块。二者都可以大大提高识记效率。

二、善于观察，发掘内在联系，提高识字能力

科学识字可以培养学生的观察能力、形象思维能力和语言表达能力。在识字教学中，教师要注重引导学生通过观察去揭示汉字的造字原理和字形、字义的关系，只要注重运用直观手段、形象语言等把一个个抽象的汉字演化成一幅幅生动的图画或一段段动听的小故事，就能使学生在识字中发展观察能力、形象思维能力和语言表达能力。

片段三：认识"坡、腰"字

师：（出示"腰"字字卡）谁来当小老师讲讲这个字？（结合字卡）

生1：左右结构；月字旁；与身体有关；组词可以组腰部、山腰……

师："腰"是指我们身体哪个部位？

学生指腰部，利用身体部位识字。

师：腰在我们身体的中间，除了指我们身体中间的部位，还可以指物体的中间部分，如"半山腰"。从山顶到山脚的中点，大概一半的地方，就是半山腰。

师：之前语文园地我们刚学过几个带月字旁的字，复习一下。

生（齐读）：脖、肚、腿、脚（联系旧识，扩展带月字旁的字）。

师：从山脚到山顶这一个斜斜的地方也叫——

生（齐读）：山坡。

师：我们都知道上坡容易，下坡难。坡就是倾斜的地方。从下往上走，这叫"上坡"。从上往下走，叫作"下坡"。

在识字教学中，只要教师注重引导学生去观察和感悟汉字，让他们在和古人的不谋而合中跨越时空，去解读一笔一画的合理、简洁和绝妙，用今天多样的社会文化生活去印证、诠释汉字的博大和深远，就有利于培养学生的想象力，增强他们的创新意识和创造能力。

三、着眼阅读，提升能力，促进识字与阅读的融合

儿童教育学的理论告诉我们：儿童的语言发展是综合能力的发展，并不是某一个阶段只发展识字能力，而另一个阶段只发展阅读能力。教师不仅要教学生自主识字，还要教学生学会阅读，要让学生学习通过阅读活动来自主识字。

教师在教学过程中要将识字与阅读整合起来，有机地进行字、词、句、段、篇的教学。

片段四：学习第二自然段

听范读，学习语气词。

师：小兔子发现小燕子飞得很低，于是，小白兔大声喊："燕子，燕子，你为什么飞得这么低呀？"从刚刚老师的范读中你听出了什么语气？

生1：疑问的语气。

师：从哪里可以读出来？

生2："为什么"和"呀"。

师：连叫了两声"燕子，燕子"，看出小白兔的心情是什么样的呢？

生2：急切的。

师：带着急切和疑问的语气读一读小白兔的话。

学生扮演小白兔练读。

师：小燕子到底为什么飞得那么低呢？我们看下一小节。

识字是为了更好地读文。在学生自主认读字音、识记字形以后，教师再把生字放回到语言环境中，请学生朗读课文中的这句长句，要求把句子读通顺。这样，学生一方面可以巩固识字，另一方面可以练习把句子读正确、读流利。最后，通过品词析句，在体会小白兔急切心情的同时，进一步在具体的语言环境中理解、感受课文内容。

四、激发情趣，融入美育，提高识字教学的效率

汉字是世界上历史最悠久的文字之一，它是我们运用书面语言交流思想的工具。今天的汉字形美、音美、意美，积聚着我国文字美的魅力。

片段五：学写"直"字

师：小白兔此时是弯着腰，接下来我们要学写一个生字伙伴，弯的反义词，是什么？

生（齐读）：直。

师：直，就是笔直、不弯曲，根据你对直字的观察，在写这个字时，应该注意什么呢？

生1：是三个横，不是两个横。

生2：最后的横最长。

生3：第二笔的竖向左倾斜。

师：你们说得真好，下面老师来写，你们书空。

生：横、竖、竖、横折、横、横、横、横（学生齐声书空）。

师：接下来我们练习写两个，谁来带着大家写？

教师指导并纠正学生的书写。

在指导学生书写生字时，尤其要引导学生关注汉字之美。民国学者、政治家梁启超曾说过：中国人写字有很多讲究，选择写字的毛笔就可以摆上一大排。中国人写起来书法最讲究的就是线条、力度、表现力的整体艺术品。确实如此，仅仅是看到书法，就能给人带来一种直观的感觉，一种抽象的艺术享受。汉字有六艺，可以指代事物，可以象征形状，可以表示读音，可以领会含义，可以标注，可以隐喻。小小的一个汉字有这么多的组合，真可以说是辉煌而无穷。

（一）通过识字教学使学生感受中国文字之美

要想让学生体会到中国文字之美，在课堂教学中教师就要根据汉字的造字原理，利用汉字的结构，凭借课文的情境来创设使学生易学、易懂、易掌握汉字的情境。这样可使抽象的汉字符号形象化，又可让学生领略中国文字的古代美与现代美。在小学语文识字教学中，教师要注意在汉字的形美、音美、意美三者相结合的教学中实施审美教育。这样更能激发学生对祖国文字的热爱之情，从而感受和认识到汉字既是传情达意的工具，又是集形态美、音韵美和意蕴美于一身的文字系统。

（二）通过识字教学使学生感受身边到处都是美

在识字教学中渗透审美教育，能够促使学生的思维和创造力朝着美的方向发展，从而提高他们鉴别真假、善恶、美丑的能力，形成健康高尚的情趣，逐渐塑造出美的灵魂。

在大力倡导弘扬民族优秀文化的今天，识字教学的现状必须予以改变。我们应当改变旧观念，树立科学识字教学观，加强识字教学科学化的理论研究，提高师资理论水平及业务素质，将多种识字教学模式科学地融合，充分利用现代化教学手段进行识字教学，用先进的教育理念、科学的教学方法进行现代的识字教学，以提高识字教学的效率，获取最佳的识字教学效果。

附：

《要下雨了》教学设计

【教学目标】

1. 采用多种方法认识本课生字，会写本课生字。

2. 通过借助字义、联系生活等方式能理解词语含义。

3. 读好小白兔与燕子的对话，能正确、流利地朗读课文；了解下雨前的自然现象。

【教学重点】

采用多种方法识字。

【教学难点】

指导学生读好小白兔与燕子的对话。

【教学准备】

多媒体课件、字卡、挂图等。

【教学过程】

（一）情境引路，激趣识字

1. 初读课文，妙解课题

（1）你知道本课的小主人公是谁吗？（小白兔）

师：老师把小白兔请到了我们的课堂上，与我们一起学习这篇课文，请大家一起齐读课题：要下雨了。（板书：下雨了）

（2）说说看，要下雨了和下雨了有什么不同？（板书：要）

预设：要下雨了是指快要下雨了，其实还没有下雨；下雨了是指雨已经下来了。

师：是呀，一个"要"字区别这么大，今天小白兔为我们带来了一个小伙伴，大家想看吗？

2. 举一反三，集中识字

（1）识身体，易认字。

教师让学生当小老师讲讲这个字。

师："腰"是指我们身体哪个部位？

腰除了指我们身体的部位外，还可以指物体中间的部分。比如"半山腰"，山脚和山顶之间大约一半的地方，就是半山腰。

之前语文园地我们刚学过几个带月字旁的字，复习一下。

（2）小老师，教写字。

学写"直"字。

小白兔此时是弯着腰的，接下来我们要学写弯的反义词，是什么？

直就是不弯曲的意思，如我们经常用的直尺、笔直的公路。根据你的观察，我们在写这个字时，应该注意什么？

学生书空。

学生写字，教师指导并纠正学生的书写。

（3）做动作，巧识字。

师：小白兔这时候累了，做了一个动作（教师伸胳膊），课文中哪个字可以形容这个动作呢？（伸）

谁当小老师讲讲这个字？

单人旁表示一个人，右边部分也读shēn，这是一个什么字？（形声字）

师：现在让我们一起放松放松，舒展开我们的身体，一起伸个懒腰吧！

（4）巧板书，释字义。

师：接下来我们看看，小白兔站在什么地方伸懒腰？（黑板粘贴山坡的图片）

读这个字要注意圆唇音，把小嘴巴放圆，pō。

坡就是倾斜的地方。从下往上走，这叫"上坡"。从上往下来，叫作"下坡"。所谓上坡容易，下坡难。

（5）反义词，多识字。

师：接下来我们看看小白兔遇到了什么状况。天空很阴暗，云朵聚在一起，仿佛要将天空压塌，课文中用哪个词形容了这番景象？（阴沉沉）

学生读"沉"。

师：（老师左手拿着一块石头，右手拿一片纸）你们说哪个更沉？

师：所以沉的反义词是什么？（利用反义词识字）

师：如果将"沉"换成另外一个字，使意思不变，是哪个字？

师：也就是说"沉"就是重的意思，和我一起说——沉对轻。

师：老师将石头放入水中，你发现什么？（石头沉下去了）

师：是的，石头没入了水中，那把纸片放在水中你观察到什么？（纸片浮在了水面上）

师：我们又找到了一对反义词就是沉对浮。

（6）"氵"家族，齐聚会。

师：孩子们看过大海吗？

到了一定的时间海水就会涨高，这种现象就叫"涨潮"。

（观看潮水图片，了解"涨潮"）

师：老师这里有块生活中常用的海绵，喷上一些水，谁来摸摸是什么感觉。

潮还有湿的意思。

老师把海绵浸入水中，你再感觉一下。

师：湿就是水分多的意思，但是比"潮"更强烈。

（7）语气词，我会写。

① 找出文中哪句话带"呢"。（呢是助词，放在句末）

② 它还是一个多音字（ní）。（观看毛呢大衣图片）

③ 书写时注意左窄右宽。

④ 根据"呢"找规律自学"呀、吗、吧"3个字。

⑤ 展示。

⑥ 区分语气助词。

⑦ 勤温固，能知新。

师：此时，所有的生字朋友都来到了小白兔的身边，让我们一起叫出它们的名字。

（二）品读课文，感受人物

1. 师范读，学习概括

（1）师：现在，小白兔带着生字朋友们都回到了课文里，翻开书第73页，在之前的《动物儿歌》一课中我们学习了"谁？在哪？干什么？"。带着这个问题看课文的第一自然段，谁愿意读给大家听？

师：第一自然段告诉我们谁在哪干什么？（小白兔在山坡上割草）

（2）师：小白兔正在割草，发现天气阴沉沉的，我们来看看阴沉沉是什么样的。看完这个图片你有什么感觉？

师：我们就带着很压抑的感觉，把声音放低读一读这半句。（师范读）

（3）师：接下来课文说“小白兔直起身子，伸了伸腰”。我们一起做动作读一读这句话。

2. **分角色，读准语气**

（1）师：这时，小燕子从它头上飞过。小白兔大声喊“燕子，燕子，你为什么飞得这么低呀？”从刚刚老师的范读你能听出哪些语气？

预设：疑问的语气。

师：从哪几个字或词看出是疑问语气的？

预设：“为什么”和“呀”。

（2）师：连叫了两声“燕子，燕子”，看出小白兔的心情是什么样的呢？

预设：急切的。

（3）师：带着急切和疑问的语气读一读小白兔的话。

预设：学生扮演小白兔练读。

（4）师：小燕子到底为什么飞得那么低呢？我们看下一小节。

3. **生朗读，学评价**

（1）指名读，说说你从燕子的回答中知道了什么？（燕子的语气：着急）

（2）学生戴头像分角色朗读。

（3）学生互评。

（4）班级齐读。

（三）小结

师：下雨前，小动物的表现各不相同。那么，小白兔的其他动物朋友又会有什么样的表现呢？我们下节课继续学习。

科学设计高效识字

——《荷叶圆圆》教学叙事研究

黄　丽

　　《义务教育语文课程标准（2011年版）》明确指出，"识字写字是阅读和写作的基础，是第一学段的教学重点，也是贯穿整个义务教育阶段的重要教学内容"。识字教学在义务教育阶段的地位和重要性不言而喻。然而，当前小学低段识字教学中仍然存在许多问题，如何科学巧识字值得我们研究。笔者有幸参加了"小学低段科学巧识字教学设计与实施"课题组，这一学期通过《荷叶圆圆》识字课的教授，使笔者对识字教学有了进一步的认识。

一、联系旧识，激发兴趣

　　学习兴趣就是指学生对学习产生的一种积极心理倾向。许多教育研究都证明学生的学习兴趣与学习效果呈正相关。尤其是在小学低学段的识字教学，由于学生的年龄、心理特点，识字兴趣更是有着举足轻重的地位。课标也要求在第一、二学段要多关注学生主动识字的兴趣。由于小学低学段的学生年纪小，还处于具体形象思维阶段，有意注意还不能长时间保持。于是，在导入部分笔者设置了以下环节。

　　片段一：

　　师：（出示荷叶插图）请你说说，荷叶长得怎么样？

　　生1：荷叶圆圆的、绿绿的。

　　师：圆圆的、绿绿的荷叶美吗？（全班齐答：美）在课文中，这美美的荷叶吸引了哪些小伙伴?

生2:小蜻蜓、小青蛙、小鱼儿、小水珠。

师:你预习得非常认真。我们一起看看这个字(珠)怎么读。

生3:zhū。

师:读得真准确。珠由两部分组成,左边是王。它由什么变化而来?

生3:玉字旁。

师:小脑瓜真聪明!"玉"作偏旁时称玉字旁,在字的左边时多写作"王",末笔是斜提,所以又叫斜玉旁或斜玉。除了"珠"字,你们动动小脑瓜想一想,还有什么字带有斜玉旁?

生4:老师,我的名字"琦"有斜玉旁。

师:是的,它指的是一种美玉,你的名字起得真好!还有吗?

生5:玩、弄、班。

生6:球、瑰……

师:汉字真的很有意思,现在翻开课本第70页,全体小朋友自由地读读课文,认识认识其他的生字宝宝吧!

在导入部分,教师先是通过出示图片,形象地呈现出"荷叶"的样子,吸引学生的注意;接着透过"珠"认识斜玉旁和联系以前认识过的生字,把含有王字旁的一系列生字形象地呈现出来,激发了学生的学习欲望,使学生初步体会到识字的乐趣,为接下来的识字学习做了很好的铺垫。

二、图片点拨,故事识字

《义务教育语文课程标准(2011年版)》指出:"识字教学要运用多种识字教学方法和形象直观的教学手段,创设丰富多彩的教学情境,提高识字教学效率。"因此,笔者根据一年级小朋友的心理特征、年龄特点,结合识字教学的实际内容,创设了一个丰富、适当、有趣的识字教学小故事。

片段二:

师:说到"躺"呀,黄老师要给大家讲个小故事,你猜这个是什么字?

(出示图片)

生1:一个人,挺着个大肚子。

师：你观察得真仔细。这是她的肚子，肚子有一个点，这是什么字呀？

生2：身。

师：没错，这就是身体的身。这个女人有身子了，你猜猜是什么意思？

生3：她肚子里有小宝宝了。

图片点拨虽以图像为呈现方式，但依据是汉字的字形构造及其字义内涵，因而既具有形象直观的特点，又符合字理的科学性，还能激发学生的兴趣，顺应认知发展规律，更利于学生深入理解汉字。本故事让学生在一个活泼生动的故事情节中识字，激发了学生的识字热情，认识了"身"的演变过程，为认识身字旁打好基础。同时，这一故事的创设注重真实，因为越是真实，学生越能将其与生活中的经验相联系，从而将生字更加牢固地记住。

三、发挥主动，动手识字

小学阶段，虽然我们面对的只是6~12岁的小朋友，但千万不能小瞧他们。在识字教学工作中，如能恰当地发挥学生的主观能动性，让学生学得快乐，就能达到事半功倍的效果。所以，笔者设置了如下的识字环节。

片段三：

师：接下来黄老师再给大家布置一个任务：拿出我们昨天准备好的生字卡，一起给这些生字宝宝分分家吧！

生快速拿出生字卡，埋头给生字宝宝分组。

师：请已经分好组的两个小朋友把自己的分家结果在黑板上呈现出来！

生……

这一环节主要是引导学生按照汉字的构字规律进行分组，抓住字形、字音、间架结构。根据学生展示的结果来看，以左右结构、上下结构、包围结构呈现出来，达到科学识字的效果。

四、设置游戏，巩固识字

爱玩好动是孩子的天性，注意力难以保持是其年龄特点。按照构建主义的学习原理，笔者在识字的最后环节设计了游戏，调动学生的多种感官，进行趣味性识字，力求达到巩固识字的效果。

片段四：

师：相信通过前一阶段的学习，我们已经和生字宝宝交上朋友了，现在看看小朋友们是不是真的认识它们。我们马上进入游戏环节了！

生：……

低学段的学生一定是非常喜欢游戏的，在这一过程中学生都积极参与。第一个游戏"消灭小太阳"是只认识生字，第二个游戏"小猴子爬楼梯"是认识了含有生字的词语，层层递进，鼓励学生积极参与，学生获得了成功的喜悦，更加热爱文字，真正享受文字带来的快乐。

五、识字写字，两手齐抓

由于识字和写字是学生阅读和写字的基础，也是小学语文教学中的首要任务，所以在小学语文课堂上，教师应该开展写字教学，这对提高学生的识字和写字能力，完善他们的语文素养都起着积极的作用。

片段五：

师：读得真好，相信写字一样也难不倒你们。小眼睛认真观察，看看这两个字有什么相同之处？

生1：都是由木、几两个字组成。

师：你就是火眼金睛，汉字真奇妙，同样的两个部件可以组成不同的两个字。那么写的时候我们要注意什么呢？

生2："机"左边窄右边宽，"木"字作偏旁时，捺要变成点，"几"的竖撇从竖中线起笔。

生3："朵"上小下大，上方"几"字没有钩，"木"的横在横中线。

师：看来你们都注意到了这些细节的地方，现在拿起笔来写一写吧。

指导学生学会观察字形，弄清汉字在田字格中的位置，静心研究字的笔顺、间架结构及主笔位置，了解竖中线、横中线，抓准最关键的是哪一笔，最难写的是哪一笔，写好"机""朵"二字。

这一节课通过联系旧识、图片点拨、设置游戏、发挥主动、识字写字等环节引导学生进行科学巧识字，学生在学习的过程中既感受到了字理识字的乐趣，又积极参与游戏，发挥主观能动性投入识字课堂中，还完成了这一节课识字的学习目标。不过在教学过程中还有几点需要注意：在给生字宝宝进行分家的时候，应该给学生提要求——可以根据生字的结构、生字的字音、生字的字理等进行分组，如此学生分组的时间可以再短一些，学生分组的时候目标会更明确一些。另外，在环节与环节的衔接中，过渡语不够自然，这一细节部分也需要注意。

参考文献：

［1］陈传锋，董小玉，徐缨.汉字的字形结构特点及其认知规律与小学识字教学［J］.贵州师范大学学报（自然科学版），2002（1）：92—96.

［2］陈思怡.“字理识字教学法”实验体会［J］.小学语文教学，2000（9）：44—45.

［3］邓祥文.幼儿字源识字教学新构想及可行性研究［D］.武汉：华中师范大学，2008.

［4］顾建平.汉字图解字典［M］.上海：东方出版中心，2008.

识字教学与经典传承的融合

——《古对今》教学叙事

双莉华

　　《古对今》采用对韵歌的形式，节奏明快，音韵和谐。课文由三个小节构成，每小节四行，结构相同，每小节前两行单音节词相对，后两行双音节词相对，用简洁形象的语言和长短句交替的节奏，或同义词相对，或反义词相对，以广阔的时空切入，落在四季的轮替，宏观大气；又以自然的轮回、万物的生长铺陈开来，神奇美丽，呈现了音韵和美的画面意境。鉴于课文的结构和内容特点，笔者以"在学习汉字中感受汉字魅力，传承经典文化"为教学理念展开识字教学。

一、"我说你对"，游戏无痕导入

　　上课伊始，教师对学生说："今天，我们来玩一个游戏。"话音刚落，学生立刻兴趣盎然、聚精会神地注视着教师。教师接着说游戏规则："老师说一个词，你们也要说一个词，而且字数一样、意思要相对。"教师按照由简到繁的顺序、由课文外到课文内的顺序说词语，如大对小、高对矮、来对去或往、白天对夜晚或晚上、日对月，当教师说到"古"字的时候，学生说"今"，然后顺势识记、理解"古"字，学习"古"的书写。至此，新课导入水到渠成。

　　采用对子的形式识字，是统编版教材第二次采用这种形式识字，第一次出现在上册教材中，即《对韵歌》，故学生对对子有一定的了解。采取"我说你对"这种古人热衷的文字游戏方式导入，让学生调取了之前学习到的对对子的规律加以运用，教学起点建立在学生现有的知识与能力的水平上，即学生的学习起点。教学起点应该就是学生的学习起点，过低或过高都会直接影响教学效率。同时，这种方式又让学生在轻松愉悦的情境中不知不觉地进入新课的学习中，让教学无痕。在教学中，教师应尽可能地把自己的教学意图与教学目标隐藏起来，淡化教学痕迹，进而使学生自然而然地进入学习状态，在无意识中获得知识。

二、字理识字，了解汉字文化

在理解识记汉字的环节中，教师把关于"寒"和"朝"两个字的由来通过微课视频的方式展示出来。通过微课，学生不仅知道了"寒"和"朝"字的意思，直观感受到一个个汉字犹如一幅幅图画，而且了解到了会意字的构字特点：由两个及两个以上的独体汉字根据各自的含义所组合成。继而，学生根据会意字的特点，在本课生字中找出"暮"和"暑"这两个会意字。

一年级的学生正处在汉字学习的启蒙阶段，且认知过程多依赖形象思维。教师结合汉字的起源与演变将学生引入浅显易懂、生动形象的会意情境中，让学生猜一猜字的意思，可使学生走出机械识记的误区。通过理解金文特殊的图案及构型理据，可以在传统文化的情境中提高学生认字的趣味性与探究性。教学中的文化依托，赋予了汉字文化传承的使命，使识字教学有了更深远的意义。

三、发现规律，感受时间轮回

在教学"暑、晨、朝、暮、暖"等字时，教师提醒学生观察每个字的字形："你发现这些字有什么秘密？"学生很敏锐地发现这些字都有"日"这个部件。"猜一猜这些字和太阳有什么关系？你能从'日'这个部件联想一下这些字的意思吗？"聪明的学生大概从"暖"这个字的意思受到启发，纷纷发表自己的猜测："暑"中有两个日，表示炎热；"晨"字日在上头，表示太阳出来了，一天开始了；"暮"字中的两个日都躲进了草丛中，表示太阳下山了，天要黑了等。这就是汉字的构字规律特点之一——形象生动。一天之内，太阳是怎样运行的呢？在学生的表述中，教师将"晨、暮、朝、夕"等字按顺时针的顺序板书。太阳出来了，美好的一天从早晨开始（晨）；日落时傍晚来临，劳累了一天的人们开始进入休息状态（暮）。第二天，太阳照常升起（朝），照常落下（夕）。就这样一日又一日，周而复始。在教学"春暖、酷暑、秋凉、严寒"等词语时，教师也是用同样的方式让学生体会四季的交替。

"我听见了，就忘记了；我看见了，就记住了；我做过了，就理解了。"让学生去发现所学生字中隐藏的规律，并尝试根据发现的规律来猜测生字的含义，充分发挥学生的主观能动性。猜测也是一种探究的方式，在猜测的过程中，学生不仅理解了这些字词的含义，而且明白了四季轮回、冬去春来、昼夜交替、欣欣向荣、万物生长的自然规律，"万物轮回，生生不息"。在猜测的过程中，学生不仅训练了思维能力，而且增强了主动观察思考的意识，培养了学习能力。

识字教学不应该只是为了识字而教。汉字是世界上最古老的文字之一，已有六千多年的历史，承载着中华文化。在进行识字教学时，教师应相机把这些经典文化元素融入进去，让学生不仅是在学习汉字，更是在接受中华民族优秀文化的熏陶。

下 篇

教 学 设 计

随文识字

彩 虹

夏沁雨

课题	彩虹	课型	识字课
单元说明（教材分析）	统编版教材一年级下册围绕"家人"这个主题编排了《静夜思》《夜色》《端午粽》《彩虹》四篇课文。散文《彩虹》想象奇特，用孩子的视觉、童趣化的语言进行表达。 读好长句子是本单元的学习重点和难点。《彩虹》是一篇富有情趣的散文。本文以对话的语气，通过六个问句巧妙串联，呈现了一个纯真烂漫的想象世界，传递了儿童关爱家人的美好情感。在教学时，教师要指导学生读好多个分句组成的反问句，读好分句间的停顿，并能试着读出问句的语气和情趣。 语言的积累也是本单元教学的一个重点。本文中需要识记的生字为12个，其中有9个是形声字，在教学中可以引导学生用形声字的识字方法进行归类识字，在课文的朗读中巩固识记		
设计说明	《彩虹》这课一共12个生字，其中"虹、座、浇、提、洒、挑、镜、照、裙"这9个为形声字，因此在设计教学过程时，以"虹"的识字小故事引出形声字的特点，为接下来的识字教学做铺垫。在趣味中挑战识字，对一年级的学生来说很受欢迎。"拿"是会意字，也具有形象的表意，顺势给学生简单地介绍了这类字的特点。作为识字课，不仅是要让学生会读生字，而是要将字的音、形、义结合，这样学生才算真正认识汉字。教师应将汉字文化点滴渗透在日常的教学中		
教学目标	1.通过随文识字、字理识字、形声字特点识字等方法，认识"虹、座、浇、提、洒、挑、兴、拿、照、裙、镜、千"12个生字，会写"高、兴"2个字。 2.正确朗读课文，读好分句间的停顿，能试着读出问句的语气		
教学重点	识记"虹、座"等12个生字，认识"衣"字旁，区分"座"和"坐"		

106

教学难点	读好反问形式的长句子，读出问句的语气。
教学准备	教师准备：老师字卡；PPT；课中休息音乐《小彩虹之歌》。 学生准备：学生字卡
课时安排	一课时
教学过程设计	（一）看图说话，引出课文 （1）PPT出示图片，让学生发挥想象，用一句话说出看到的内容。 例：我看见一朵白云，像棉花糖（像绵羊）。 我看见一条美丽的彩虹，像一座桥。 （2）将汉字"虹"和彩虹图进行关联，讲"虹"的故事。 **设计意图：**"虹"总是出现在雨后，古人就认为"虹"是一种能呼风唤雨的"大虫"。所以，古人造字时，用"虫"作了偏旁。以小故事的形式让学生形象地感受"虹"这个字为什么左边是"虫"字旁，帮助学生加深印象，同时激发学生对形声字特点的理解。 （3）引出《彩虹》这篇课文有12个生字，激发学生兴趣，从生字中找到新发现。 （二）科学识字，学习方法 （1）教师示范朗读，学生圈出本课生字。 （2）学生初次朗读，教师了解学生识字情况。 （3）PPT出示本课生字，让学生初步认读。教师顺势进行识字教学（重点活动：讲形声字特点，讲字理，会意字"拿"等汉字知识渗透） （4）分一分，巩固识记。 ①学生根据汉字特点、已有识字经验，对手中的字卡进行归类。 ②同桌说一说自己这样归类的理由。 ③请学生上讲台展示，其他学生补充，教师随机评讲。 （5）辨一辨，区别识字。 ①了解衣字旁的特点（字理），拓展生字。 **设计意图：**"衣"字旁作为本课的重点偏旁，从"衣"的字形演变到作为偏旁时的书写，拓展其他带有"衣"字旁的生字，帮助学生理解生字。 ②区分"座"和"坐"：了解两个字表示的不同意思，用句子检测。（PPT出示课文句子、练习句） （三）指导朗读，整体感知 （1）学生再齐读课文，教师了解读书情况。 （2）学生个别读（想读哪段就读哪段），师生评价，随机正音。 （3）引导学生找出本课的文本特点：句子长，有问句。教师以第二自然段为例（PPT出示）指导学生朗读，注意停顿和问句的语气。

教学过程设计	（4）学生根据教师的指导，自己练读第三、四自然段。 （5）教师请三人合作读，第一段齐读，三人分别读第二、三、四自然段。 （6）学生最后齐读课文。 （7）课中休息，播放《小彩虹之歌》，活动身体。 （四）观察生字，指导书写 （1）PPT出示生字"高"和"兴"，教师讲解重点笔画"点"在不同位置的写法，教师范写"兴"，学生观察写"点"，书空练笔顺。 （2）学生练写之前规范坐姿，检查执笔姿势。 （3）学生练写，教师巡视指导。 （4）展示评价。 设计意图：选择"高"和"兴"主要是让学生观察笔画"点"在不同字中的位置，写好笔画。 （五）课堂小结，梳理知识 了解形声字的特色，利用形声字识字方法对于快速识记生字、阅读、写话会有很大的帮助
板书设计	彩 虹 形声字：形旁表字义，声旁表字音
练习设计	（1）把"虹"字小故事讲给父母听。 （2）把课文读给父母听

要下雨了

陈奕媚

课题	要下雨了	课型	识字课
单元说明（教材分析）	本单元围绕"夏天"这个主题编排了《古诗二首》、童话《荷叶圆圆》《要下雨了》3篇课文，从不同角度描绘出夏天的特点，让我们感受到夏天的美好。《要下雨了》是义务教育六年制小学语文教科书第二册的一篇生动有趣的童话故事，用浅显的文字、生动形象的语言形式介绍了雨前的一些自然现象和天气常识。通过小白兔去河边、田边发出的两次奇怪疑问，最终明白鱼游水面、燕子低飞的原因，使学生知道通过观察"鱼游水面，燕子低飞"等小动物的异常表现，也能预测天气变化。本文主要是向学生进行科普教育，发展学生的观察能力、审美能力、朗读能力		
设计说明	本文既有传统文化的渗透、自然科学知识的渗透，又有儿童生活常识的渲染，语言生动活泼，文字简洁且朗朗上口，故事性和趣味性兼备，适合儿童的阅读积累。单元的学习重点是联系生活实际了解词语的意思，教学时要将结合课文泡泡的提示点明要求，让学生自主尝试运用这种方法。在教学过程中要充分调动学生的生活经验，促进学生生活经验与课文内容的有效对接，从而帮助学生更好地了解词语的意思，读懂课文内容。此外，朗读指导要抓住课文特点。《要下雨了》要进一步体会"呢、呀、吧"等语气词的表达与运用，读好问句和感叹句，还要重点关注对话，进行分角色朗读，读好问和答的语气		
教学目标	1.采用多种方法认识"腰、坡、沉、伸、潮、湿、呢"7个生字，会写"直、呢、呀、吧、吗"5个字。 2.能通过借助图片、联系生活等方式了解"阴沉沉""潮湿"等词语的意思。 3.能正确、流利地朗读课文，读好小白兔与燕子的对话。 4.初步了解下雨前的自然现象		
教学重点	采用多种方法识字		

教学难点	指导学生读好小白兔与燕子的对话
教学准备	教师准备：多媒体课件、字卡、挂图等。 学生准备：字卡
课时安排	一课时
教学过程设计	（一）创设情境，集中识字 1.解读课题 （1）通过预习知道本课的小主人公是谁。请大家一起齐读课题：要下雨了（板书：下雨了） （2）要下雨了和下雨了有什么不同？（板书：要） 2.多种方法识字、写字 （1）利用身体部位认识"腰"字。 ①"腰"是指身体哪个部位？ ②腰除了指身体的部位，还可以指物体中间的部分，如"半山腰"山脚和山顶之间大约一半的地方，就是半山腰。 ③联系旧识，扩展带月字旁的字，如：脖、腿…… **设计意图：**对比"要"字，区分雨前和雨中，使学生明确故事发生的时间，避免对文本的时间误解，为新课做好铺垫。以"要"字为基础联系形近字"腰"，认识身体部位及"腰"的引申义。 （2）利用反义词学写"直"字。 ①小白兔此时是弯着腰，弯的反义词是什么？ ②学生观察生字，提醒该注意什么？ **设计意图：**利用熟字找反义词识字，让学生复习固有知识，进而学习新字，达到"温故而知新"的目的。 （3）认识"伸"字。 ①小白兔这时候累了，做了一个动作（教师伸胳膊），课文中哪个字可以形容这个动作呢？ ②当小老师讲讲这个字。 （4）认识"坡"字。 ①小白兔站在什么地方伸懒腰？（出示山坡） ②坡就是倾斜的地方。从下往上走，叫"上坡"。从上往下来，叫"下坡"。 **设计意图：**联系实物板并结合"坡"字字理识字，让学生明确"坡"的构字常识及含义。 （5）利用反义词认识"沉"字。 ①出示"阴沉沉"的图片。

续表

教学过程设计	②学生读"沉"。 ③利用反义词识字：轻、浮。 **设计意图：**利用反义词识字的方式拓展识字"轻、浮"，帮助学生了解一词多义现象，巩固联系生活识字的单元要求。 （6）认识"潮"字。 出示"潮"甲骨文图片，字理识字。 （7）学写"呢、呀、吗、吧"4个生字。 ①找出文中哪句话带"呢"。 ②写时注意左窄右宽。 ③区分语气助词。 ④根据"呢"找规律自学。 **设计意图：**本环节旨在让学生在读通读懂课文并达到理解的基础上，通过教师的示范朗读，体会主人公急切的心情，并运用刚学过的语气词的读法读出不同的感情色彩，达到学以致用的目的。 （二）理解课文，读出情感 （1）带着这个问题读课文的第一自然段，告诉我们谁在哪干什么。 （2）师范读第二自然段。 （3）连叫了两声"燕子，燕子"，看出小白兔的心情是什么样的呢？ （4）生带着急切和疑问的语气读小白兔的话。 （三）小结 通过这节课的学习，我们知道了下雨前小动物的表现是燕子低飞。接下来，小白兔又碰到几个动物朋友，他们又有哪些表现呢？我们下节课继续学习
板书设计	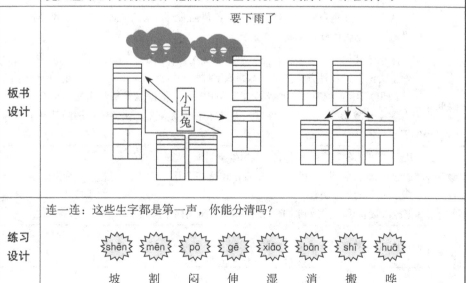
练习设计	连一连：这些生字都是第一声，你能分清吗？ shēn　mēn　pō　gē　xiāo　bān　shī　huā 坡　割　闷　伸　湿　消　搬　哗

咕 咚

房蓓

课题	咕咚	课型	识字课
单元说明（教材分析）	《咕咚》一课选自部编版教材小学语文一年级下册第八单元。这个单元围绕"问号"编排了3篇课文。本单元的学习重点是借助图画阅读课文。这是继一年级上册《小蜗牛》之后，又一次出现没有全文注音的连环画课文的阅读。教学时要在借助图画猜字、认字、读懂课文的基础上继续发展学生的独立识字和阅读能力。读出祈使句的语气，读好多个角色之间的对话是本单元教学的另一重点，学生需要根据课文的故事情境体会不同角色的心情，读好不同角色的话语。本单元也要继续训练学生根据信息做简单推断这项阅读能力。 《咕咚》是一个民间故事，是一年级下册第一篇非全文注音的课文，旨在引导学生掌握"借助读物中的图画阅读"这一方法，并运用形声字特点，联系上下文来猜字、认字。全文童趣盎然、情节曲折，各角色的语言虽然大致相同，但情感递进，可借此引导学生读好感叹句		
设计说明	本课区别于其他课文的一大特点就是非全文注音，只在个别难字上标注拼音，因此让学生尝试通过各种方法猜字是本课识字教学的重点。结合学生已有的对形声字的一些认识，引导他们"猜字猜半边"猜出字音，根据偏旁猜测字义。结合字理学习会意字和象形字。通过多种方式引导学生多读课文，在整体理解的基础上掌握生字		
教学目标	1.认识"咕、咚"等12个生字，能用生字组词。 2.通过图画、字理或联系上下文的方式猜字、认字，认识会意字"命"和象形字"象、鹿"的构字方法。 3.把故事读正确、读流利，能读出各角色话语中不同的情感		
教学重点	通过图画、字理或联系上下文的方式猜字、认字		

教学难点	通过图画、字理或联系上下文的方式猜字、认字
教学准备	教师准备：生字卡、角色贴画、多媒体课件。 学生准备：生字卡片、朗读课文并圈出不认识的字
课时安排	一课时
教学过程设计	（一）情境导入 （1）语言激趣，引出"咕咚"，设置悬念。 （2）出示课题。 （二）初学课文，自主识字 （1）师范读课文，生圈生字。 （2）自由读文。 **设计意图：** 通过老师范读和自主朗读，使学生对生字的字音有一个总体把握。 （3）学习象形字"象""鹿"。 ①出示字形演变，生猜是哪个字，说出古字和今字的联系。 ②结合字形演变强调笔画的正确写法。 ③书写"象"字。 第一，观察结构和关键笔画位置。 第二，师板书范写后生练习。 **设计意图：** 出示象形字的字形演变图片，使学生的图片记忆生效，在生字字形中找出依据。 （4）学习生字。 ①小老师带读生字词（标拼音）。 ②生字分类：找出生字中的形声字、会意字和象形字。找一找，猜一猜：哪些是形声字。 **设计意图：** 运用已有的识字方法将生字归类，进一步巩固构字方法的知识，在归类中思考字的各部件的意义。 ③学习会意字"命"。 ④游戏检验生字：小猴子过河。 **设计意图：** 游戏检验生字，并组词，考查学生对生字音、形、义的记忆。 （三）练习读文 （1）出示课文插图，生找对应段落。 （2）详细阅读第一段到第六段。 ①读第一段。重点指导"高高的书上"和"咕咚"。

续 表

教学过程设计	②小兔子、小猴子和大伙听说"咕咚"来了，分别是什么反应？细读第二、三、四段。 ③分别读三句。指导学生读出渐进的情感。 ④师生配合读第五段，指导学生读出野牛冷静的语气。第六段指导读"咕咚"的轻声。 （3）明确"咕咚"是木瓜掉进水里的声音。 ①介绍拟声词——模拟声音的词语。 ②生活中还有哪些拟声词？ （四）释疑总结 为什么只有野牛想起来要问一问"咕咚"是什么呢？（耳听为虚，眼见为实，要冷静思考）
板书设计	咕 咚 小兔子 小猴子一边跑一边叫 狐狸、山羊、小鹿 野牛 拦住大伙问
练习设计	（一）比一比，再组词 下（ ） 古（ ） 白（ ） 羊（ ） 吓（ ） 咕（ ） 怕（ ） 丰（ ） （二）文段理解 小猴子一听，就跟着跑起来。他一边跑一边大叫："不好啦，不好啦。'咕咚'来了，大家快跑哇！" （1）用文中加点词语写一句话。一边……一边……。 （2）说一说"咕咚"是什么？

荷叶圆圆

黄 丽

课题	荷叶圆圆	课型	识字课
单元说明（教材分析）	本单元围绕"夏天"这个主题编排了《古诗二首》、散文诗《荷叶圆圆》和科普童话《要下雨了》3篇课文，三篇课文不仅体裁不同，而且题材丰富。其中古诗描绘了夏天的美景，《荷叶圆圆》表达了夏天的情趣，《要下雨了》通过童话的方式说明了夏天的气象知识。这三篇课文由短及长，从古到今，不断构筑孩子心中的夏天世界，适合儿童诵读和积累。 《荷叶圆圆》洋溢着童真、童趣，有利于启迪学生智慧，激发学生想象；有利于教师创造性地理解和使用教材，引导学生在实践中学会学习，让他们获得初步的情感体验，感受夏天、大自然的美好		
设计说明	本教学设计为《荷叶圆圆》的第一课时，以识字为主。 1.激发兴趣，调动学生自主学习。开课时，复习旧识，为本篇课文认识生字打好基础。识字过程中，以各种形式展开学习，提高学生的学习积极性。 2.初步理解课文，引导学生带着情感朗读课文		
教学目标	1.通过随文识字、字理识字、形声字特点识字等方法，认识"珠、摇、躺、晶、停、机、展、透、翅、膀、唱、朵"12个生字，会写"机、朵"2个字。 2.能有感情地朗读课文，感受夏天的美好		
教学重点	识记"珠、摇"等12个生字，认识身字旁，写"机、朵"2个生字		
教学难点	有感情地朗读课文，感受夏天的美好		
教学准备	教师准备：字卡，PPT。 学生准备：字卡		

课时安排	一课时
教学过程设计	（一）看图说话，导入新课 （1）PPT出示荷叶的图片，学生认真观察荷叶的特点，并回答问题。 （2）同学们观察很仔细，能说出荷叶的特点。荷叶这么美，在课文中吸引了哪些小伙伴？（相机出示小水珠、小蜻蜓、小青蛙、小鱼儿） （3）小伙伴都认识了，他们的名字你也认识了吗？认识生字"珠"，在古代王字旁当作玉来讲，跟珠宝玉器有关系。你能给"珠"找朋友吗？ （4）汉字真奇妙！现在我们翻开课本找找《荷叶圆圆》中的生字宝宝吧！ **设计意图：**以图片的形式导入，吸引学生的眼球。认识"珠"，认识斜玉旁，学生初步感知字理识字的奥妙。 （二）科学识字，巩固方法 （1）学生选择自己喜欢的方式读课文，圈出生字。 （2）学生合作朗读课文，教师了解识字情况。 （3）给生字宝宝分分家。 ①学生用课前准备的字卡给生字归类。 ②请两位学生将自己的归类成果展示到黑板上，同时说说自己归类的原因。 ③教师重点指导认识"躺""晶""展"3个生字。 躺：以金文"身"引入，学生猜；比较"身"和"躺"中"身"的区别，认识身字旁。 展：字理介绍"展"的演变过程。 晶：由3个相同的"日"组成，光亮之意。品字形结构，这一结构的字还有哪些？ 识字游戏，检查识字的效果。 **设计意图：**发挥学生的主观能动性，尝试如何科学正确地认识生字。接着认识"躺"这一生字时，先学习一下这一字的偏旁，出示金文"身"，使学生更直观地认识"身"，认识身字旁。 （三）朗读课文，初步感知 （1）生再读课文，师了解读书情况。 （2）师生分角色合作读。 **设计意图：**分角色朗读课文，符合学生的生理特点和心理特点，在朗读的同时进一步加深学生对生字的认识。 （四）指导写字 （1）PPT出示生字"机""朵"，讲解重点笔画的写法。 （2）师范写。 （3）生念写字操，执笔写字，师巡视。 （4）生展示，师生共同评议。 **设计意图：**写"机""朵"，相同的部件组成不同的字，再次体现汉字的神奇，并引导学生观察、写好这两个生字。

教学过程设计	（五）课堂小结 今天我们认识了12个生字，学习了一种新的形声字方法去认识汉字，在以后的学习中，也希望同学们多多使用这种方法
板书设计	荷叶圆圆 小水珠────────躺────────亮晶晶 　　↓ 琦、球、班、玩……　　　　身　　　　品、森、众…… （斜玉旁）　　　　（身字旁）　　　　（品字形）
练习设计	（1）读一读，写出偏旁。 荷（　）　珠（　）　摇（　）　篮（　）　停（　）　坪（　） 透（　）　翅（　）　膀（　）　蹲（　）　嘻（　）　晶（　） （2）分角色朗读课文

117

我是什么

黄 丽

课题	我是什么	课型	识字课
单元说明（教材分析）	本单元的主题是"大自然的秘密"，编排了科学童话《小蝌蚪找妈妈》《我是什么》《植物妈妈有办法》3篇课文，侧重于体现关于大自然的一些科学知识。学生通过知晓其中的变化规律和科学道理后，会更加喜爱大自然，更想去仔细观察大自然，去探究其中的科学奥秘。 《我是什么》是一篇寓水的知识于趣味故事中的科学童话，采用拟人手法，以第一人称"我"生动形象地介绍了自然界中水的变化及其利与害。文中始终不点明"我"就是水，而是描述水的种种变化、状态和与人类的关系，让读者去猜，更增强了文章的趣味性		
设计说明	本教学设计为《我是什么》的第一课时，以识字为主。 1.课堂上激发学生的兴趣，发挥学生的主观能动性。开课时，复习旧识，为认识本篇课文的生字打好基础。在识字过程中，以各种形式展开学习，提高学生学习生字的积极性。 2.正确、流利地朗读课文，简单说说水的变化过程		
教学目标	1.通过随文识字、字理识字、形声字特点识字等方法，认识"晒、极、傍、越、滴、溪、奔、洋、坏、淹、没、冲、毁、屋、猜"15个生字，会写"变、极"2个字。 2.能有感情地朗读课文		
教学重点	识记"晒、极"等12个生字，认识身字旁，写"变、极"2个生字		
教学难点	正确、流利地朗读课文，简单说说水的变化过程		

教学 准备	教师准备：字卡，PPT。 学生准备：字卡
课时 安排	一课时
教学 过程 设计	（一）激发兴趣，导入新课 激趣导入：同学们，在神奇的大自然里有许多有趣的事物，像会发光的小萤火虫，借别人家房子居住的寄居蟹，自己不会发光却能在黑夜里展露身影的小星星等。今天，我们要来认识一种会变身的事物。一起用疑问的语气读课题：我是什么？ 预习了课文的小朋友肯定猜得出"我"是什么。这个"我"可太调皮了，给我们带来了很多生字朋友，请大家去课本里找找吧！ **设计意图**：激趣导入，学生立刻对"水"产生了极大的兴趣，为生字的学习做了很好的准备。 （二）分类识字，巩固方法 （1）小朋友们选择自己喜欢的方式读课文，并将文中的生字图画出来。 （2）请5个学生分段朗读课文，老师了解学生的识字情况。 （3）给生字宝宝分分家。 ①学生用课前准备的字卡给生字归类。 ②请两名学生将自己的归类成果展示到黑板上，同时说说自己归类的原因。 ③师总结，用分类的方法识字。 与水有关的生字：滴、溪、洋、淹没。 与动作有关的生字：晒、奔、冲毁、猜。 其他：极、傍、越、坏、屋。其中极、傍、越、坏可用形声字的方法记忆。 奔：以金文 引入，学生猜这是什么字；介绍"奔"的演变过程。 屋：字理介绍"屋"的演变过程。 识字游戏，检查识字的效果。 **设计意图**：给生字宝宝分家这一环节，调动了学生的学习自觉性，让学生尝试科学正确地认识生字。接着从要认的生字中选择"奔"进行详细介绍，通过出示金文"奔"，学生更直观地认识"奔"的演变过程，发现生字的乐趣，为学习其他生字打下了很好的基础。 （三）朗读课文，初步感知 （1）生再读课文，师了解读书情况。 （2）全班学生分角色表演读。 **设计意图**：根据二年级学生的生理特点和心理特点，分角色表演读课文，在朗读的同时进一步加深学生对生字的认识。

教学 过程 设计	（四）指导写字，规范书写 （1）PPT出示生字"变""极"，讲解重点笔画的写法。 "变"是上下结构，写的时候要注意上紧下松。 "极"是左右结构，写的时候要注意左窄右宽。 （2）师范写。 （3）生念写字操，执笔写字，师巡视。 （4）生展示，师生共同评议。 设计意图：写"变""极"，两个不同间架结构的汉字，再次展示汉字的神奇。学生已经有一定的书写经验，根据这两个汉字的特点去发现书写这两个字的重难点，以便更好地写好这两个生字。 （五）课堂小结 今天我们认识了15个生字，学会用形声字方法、分类方法去认识汉字，在以后的学习中，也希望同学们多多使用这些方法
板书 设计	我是什么 与水有关的生字：滴、溪、洋、淹没。 与动作有关的生字：晒、奔、冲毁、猜。 其他：极、傍、越、坏、屋
练习 设计	（1）给加点字选择正确的读音，用"√"表示。 小溪（hé xī）　　　水滴（dī zhāi）　　　冲毁（hiǔ huǐ） 房屋（wū zhì）　　　猜（cāi qīng）测　　　晒（sài shài）太阳 （2）根据课文内容连线。 灌溉　　　房屋　　　　　　红袍披在身上　　　雨 发动　　　庄稼　　　　　　小水滴落下来　　　云 淹没　　　田地　　　　　　小硬球打下来　　　雪 冲毁　　　机器　　　　　　小花朵飘下来　　　冰雹 （3）分角色朗读课文

"贝"的故事

李洁娥

课题	"贝"的故事	课型	识字课
单元说明（教材分析）	本课文选自二年级下册第三单元。本单元围绕"传统文化"编排了《神州谣》《传统节日》《"贝"的故事》《中国美食》四篇课文。课文形式活泼、内容丰富，便于引导学生在不同的语境中识字学词，激发学生的识字兴趣，使学生感受中华优秀的传统文化。 识字是本单元的重点教学内容。本单元的生字大部分都具有形声字形旁表义、声旁表音的特点，不仅可以引导学生在朗读中识字，而且可以引导学生发现汉字的奥秘、感受识字的乐趣		
设计说明	课文短小精悍地介绍"贝"字的由来、演变和发展，学生易读易记。配合简洁明了的插图展示"贝"字的演变过程，学生感受直观。 二年级的学生具备一定的自主识字能力和朗读能力，在第一课时设计时，遵循生本教育理念，充分发挥学生的自主性，在学生主动识字的基础上，帮助学生归类识字，进行字理讲解、科学识字，通过游戏巩固识字、拓展知识，帮助学生总结识字方法		
教学目标	1.从字形演变出发，进行科学识字，认识"贝"字。 2.以字理讲解为主，进行系统识字，认识"贝字部"的字，如"财、赚、赔"等。 3.从游戏和生活中进行识字补充，领略汉字魅力		
教学重点	1.认识"贝"字的字形演变。 2.认识"贝字部"的字，系统认识一类字的字形和字义		
教学难点	以字理讲解为主，认识"贝字部"的一类字		
教学准备	教师准备：生字卡片、多媒体课件。 学生准备：生字卡片、朗读课文并圈出不认识的字		

课时安排	一课时
教学过程设计	（一）创设情境，激发兴趣 （1）出示贝壳图片，贝壳姑娘来到课堂里讲"贝"的故事。你从故事中听到了哪些关于"贝"的重要信息？ 生1：我知道甲骨文中的"贝"是贝壳张开的样子。 （2）出示"贝"的字形演变，学生观察识字。 **设计意图**：出示图片和"贝壳姑娘"的人物形象，引领学生进入"贝"的故事情境中，激起学生的好奇心和求知欲，让学生带着兴趣听故事，自己提取重要信息。 （二）引导观察，学合体字 （1）我们还能从贝壳姑娘的故事中提取什么信息？ 生2：贝壳很珍贵，不容易损坏，可以当钱币。 **设计意图**：用"贝"做偏旁的字大多都和钱财有关，这一规律并不直接出示，先让学生通过观察自行发现，学生有了感性知识积累之后，老师再进行字理讲解，让学生综合把握字形和字义。 （2）师：这个知识非常关键，生活中经常要用到的贝字旁的字。（出示：贯、赢、责） "贯"本义是穿起贝壳钱币的绳子，上方的"毌"就像是贝壳被穿起来的样子，后来引申为贯穿、贯通。"赢"的金文像一艘龙船，本义是大龙舟上装满了大海贝，是满载而归的意思。"责"本义是挑出贝壳中的肉来食用，引申为求取、要求等意思。 （3）观察带有部件"贝"的字，结合老师的讲解，你从它们的意思里发现了什么规律？ 生3：带有部件"贝"的字和钱币有关。 （4）出示生字：财、赚、赔、赠、贿、赂、贫、贪，学生认读并组词。 （三）聚焦字理，积累汉字 （1）观察连线：把楷书的字形和篆文连起来。 （2）小组合作查字典，完成学习单。 （3）小组展示，解释汉字字义。 组1：财，本义财物。赚，获得利润，和"赔"相反。 组2：赔，亏损，和"赚"相反。赠，赠送的意思。 组3：贿赂，本义是赠送，引申为行贿。 组4：贫，本义是分割家产，把钱财分走就会变穷。贪，贪婪，很爱财的意思。 （4）总结：看来"贝"字家族的字很简单呢，都是和钱财有关，有的是获得钱财，有的是失去钱财，有的是把钱财给别人。 **设计意图**："贝字旁"中和钱财有关的一类字在字义和字形上都比较好理解，所以学生通过查字典就能够了解字义、熟悉字义，并掌握这些日常可见的字。要培养小学生自主识字的能力，先要让他们学会使用工具书，字典就是非常好的助手。

教学 过程 设计	（四）游戏拓展，补充识字 （1）抢答游戏读生字。 （2）出示新字，了解"鼎"简化为"贝"的字。 师：这个大大的容器里装了很多宝贝，大家知道这个容器叫作什么吗？（出示"鼎"的图片） 生（齐读）：鼎！ 师：真厉害！这是古人烹饪用的容器，来看看鼎里面有些什么宝贝。（出示"贞、则、员、败"的金文）大家仔细观察，猜一猜这些对应的是什么字？ 师："贞"的本义是用鼎占卜，"则"的本义是公平的切割鼎里面的肉，"员"指的是圆口的鼎，"败"的本义是毁坏鼎，看看这些字的金文都带有"鼎"的形状，但是在演变过程中"鼎"的痕迹逐渐简化成了"贝"，这说明了什么？ 生4：为了书写方便，简化了。 设计意图：通过识字游戏，学生巩固复习汉字，认识一类新字——部件"贝"是"鼎"的简化。学生学习到了关于汉字演变过程中特殊的魅力，不同的字会在字形上使用同样的部件。这一类字单独放在最后作为贝字家族的拓展，既和前面学习的字区分，又不能割裂。用游戏的方式学习，学生能够获得深刻印象。再加上古文形象性极强，配合教师简单讲解字义，学生能很好地理解汉字。 （五）联系生活，理解运用 师：感谢贝壳姑娘今天给我们带来了这么有趣的故事，请同学们完成绘画作品作为这节课的礼物吧。 绘画要求，任选：①用思维导图的方式画出贝字家族的谱系，选择3~4个汉字造句。②用画配话的形式完成贝的故事，用上今天学习的汉字
板书 设计	"贝"的故事 "贝"做部件 与钱财有关：赚、赔、购、贫 书写的简化：贞、员、则、败
练习 设计	（一）读一读 珍贵　珍惜　　钱币　纸币　　财富　财产 赔本　赔礼　　购买　采购　　贫苦　贫穷 （二）讲一讲"贝"的故事 （三）画一画 （1）"贝"的故事。（2）"金"的故事。（3）"玉"的故事

棉花姑娘

李洁娥

课题	棉花姑娘	课型	识字课
单元说明（教材分析）	本单元以"问号"为主题，编排了《棉花姑娘》《咕咚》《小壁虎借尾巴》3篇课文，融入科学知识和生活常识，既富有童趣，又富含教育性。本单元学习的重点，首先是借助图画阅读课文。在借助"图画猜字"的基础上，用形声字的特点、偏旁表义的特点了解字义，让学生积累识字的方法，提升识字的能力。其次是读出祈使句的语气以及多个角色对话。《棉花姑娘》是本单元第一篇课文，通过棉花姑娘请求小动物给自己治病的童话故事，介绍了燕子、啄木鸟、青蛙、七星瓢虫分别吃不同种类害虫的科学常识。语言生动、对话简单、句式重复，符合一年级学生的阅读心理		
设计说明	本课要求会认的13个生字分散在每个自然段中，学生已具有一定的识字能力，通过同桌互助、小组合作的方式进行生字学习，主动参与识字过程，利用多种方式识记字形。 教师在学生主动识字的基础上，帮助学生归类识字，加深记忆，帮助学生总结识字方法。同时利用多种形式朗读句子、文段，巩固生字，体会语气，对课文内容有整体认识		
教学目标	1.认识13个生字和"大字头"，会写"病、医"等7个生字。 2.能正确、流利地朗读课文。 3.积累短语：碧绿碧绿的、雪白雪白的。 4.了解不同动物能消灭不同害虫的科学常识		
教学重点	1.认识13个生字，读准字音、认准字形，认识"大字头"。 2.了解课文内容，知道不同动物消灭不同害虫		
教学难点	正确书写"病、医"		
教学准备	教师准备：生字卡片、动物图片、课件。 学生准备：生字卡片、动物头饰		

续 表

课时安排	一课时
教学过程设计	（一）创设情境，导入新课 （1）师：同学们，今天老师为你们带来一位新朋友，你们瞧，她是谁呀？（出示图片，学生欣赏）引导：棉花姑娘长得白白嫩嫩的，穿着绿裙子，谁来夸一夸她？（碧绿碧绿的叶子、雪白雪白的棉花） （2）板书题目，学生书空。齐读课题（轻声"姑娘"）。 （3）识记"棉"和"娘"：这两个字的偏旁都提示了字义，谁能说一说自己的想法？（棉，会意字，一年生草本植物，果实有白色纤维供纺织用。娘，形声字，对妇女的泛称） 设计意图：提示学生在本课生字学习中，可利用偏旁表义的方式理解字义。 （二）初读感知，自主识字 1.自由读课文，同桌交流 师：课文里还有很多生字等着我们去认识，请同学们翻开书第102页，自由读课文。把预习圈出的生字读给同学听，读对了请听的同学表扬他，读错了请听的同学教教他。 2.生字卡分类，方法分享 师：使用生字卡识记生字，告诉同桌你用什么方法学习和记忆生字。试着分一分、说一说。 （三）集中识字，归类学习 1.读准字音 （1）师：老师也对生字进行了分类（黑板上分类生字卡），你知道是按什么分的吗？（按读音分） ①指名学生读生字，齐读巩固：前鼻音（棉、燕、干、然）、后鼻音（娘）、翘舌音（治）。 ②认识多音字：干、吐。 （2）出示所有生字，检查学生认读情况。 ①小老师带读。 ②开火车认读。 2.认准字形 师：我们还可以用什么方法给生字分类？（请学生分类）随机指导——燕（出示燕子图片和字形演变），奇（认识部首"大字头"，举例"奔、夸、奋"）。 甲骨文　　　　小篆

续表

	设计意图：帮助学生理解"燕"的字形。 3.理解字义 师：老师按照造字法分类（出示分类），学习"颗、瓢、碧"。 （1）颗，形声字。从页，果声。页，象形字。本义人头。 甲骨文 小篆
教学 过程 设计	（2）瓢，形声字。从瓜，票声。 （3）碧，形声字。从玉，从石，白声。 设计意图：通过认识部首"页"的字源，加深对"颗"的认识。通过比较"瓢、漂"来加深对"形旁表意、声旁表音"的理解。通过字形理解碧是碧绿的玉石，所以有绿的意思。 （四）再读课文，朗读理解 1.故事梳理 齐读课文，师生合作用一句话说清楚故事起因、经过、结果，指出燕子、啄木鸟、青蛙、七星瓢虫分别捉相应害虫。 2.角色扮演 学生分角色扮演，随机指导朗读。 （五）教师示范，指导书写 医、病
板书 设计	棉花姑娘 病 —— 医 —— 好
练习 设计	（一）连一连 燕 子 棉花叶子上的害虫 啄木鸟 田里的害虫 青 蛙 树干里的害虫 七星瓢虫 空中的害虫 （二）填一填 碧绿碧绿的_____ 雪白雪白的_____

我要的是葫芦

李洁娥

课题	我要的是葫芦	课型	识字课
单元说明（教材分析）	本课文选自二年级上册第五单元第14课。本单元以"思维方法"为主题，编排了《寒号鸟》《坐井观天》《我要的是葫芦》三篇文章，故事短小、内容浅显，但形象鲜明、寓意深刻，能激发学生的阅读兴趣。 文本语言朴实，用词准确，既能够随文识字，又能够归类识字，教师可在本课的识字教学中运用多种识字方式，充分调动学生的识字热情；也可在教学中让学生对识字产生浓厚兴趣、获得有效方法，增强识字能力，为语文的学习打下坚实的基础		
设计说明	本课文按照事情的发展顺序，以葫芦的生长变化为线索，讲述了一个可笑但令人深思的故事。语言朴实，用词准确，低年级的学生喜欢听故事、讲故事，好奇心又强，教学中应引导学生在朗读中掌握字词、感受识字的乐趣。 二年级的学生已经具备了一定的自主识字能力和朗读能力，在第一课时设计时，遵循生本教育理念，充分发挥学生的自主性，让学生自主识字、讨论交流识字方法。在读通读顺的情况下，巩固生字学习		
教学目标	1.会认"葫、芦、藤"等11个汉字，会写"想、怪"等8个汉字。 2.通过形声字归类识字，能够把握心字底和草字头的字。 3.正确、流利、有感情地朗读课文		
教学重点	1.会认"葫、芦、藤"等11个汉字，会写"想、怪"等8个汉字。 2.正确、流利、有感情地朗读课文		
教学难点	通过形声字归类识字，能够把握心字底和草字头的字		
教学准备	教师准备：生字卡片、葫芦图片、多媒体课件。 学生准备：生字卡片、朗读课文并圈出不认识的字		
课时安排	一课时		

续表

教学 过程 设计	（一）画图导入，激发兴趣 （1）教师画葫芦藤、花叶和葫芦，学生猜图。 （2）齐读课题，指导轻声"葫芦"。 （3）板书课题，指导"葫芦"的书写。 （4）发现草字头：这个葫芦呀，我们读也读了，写也写了，不知道同学们有没有发现这两个字的共同点呢？ 生1：它们都是草字头的字。 **设计意图：**通过画图激发学生的兴趣，从标题入手，让学生快速进入"草字头"的汉字学习中。 （二）草字头溯源，举一反三 （1）请学生说说哪种意思的字会有草字头呢？（预设：植物、草、花） （2）举例子说一说：哪些带有草字头的字是关于植物的？ （3）出示大量带有草字头的字，请学生拍手读。学生边读边积累。 （4）教师总结：有些草字头的字本身就是草的名字，随着时代发展，原来的意思没有了，但"艹"被保留了。比如蓝色的蓝，苏州的苏。 有的本身就是植物，所以当我们遇到草字头的字时，就算不认识，也可以大概猜出来，它们和草、植物有关。 （5）观察发现：课文里草字头的字"葫、芦、藤"都是形声字。 **设计意图：**引导学生举例草字头的植物，让学生把生活经验带到语文课堂。课堂上出示草字头字组成的词组，让学生集中积累这一类的汉字，加深印象，这有助于学生识字。 （三）由字及句，朗读指导 （1）用自己喜欢的方式读第一段，边读边找出葫芦这种植物长什么样子，用横线把相关的句子画出来。 （2）指导朗读，小组比赛读，多种方式读第一段复习生字。 **设计意图：**拍手读的方式朗朗上口，学生在面对大量词组的时候也能够有激情地朗读。 （四）随文识字，学形声字 （1）用喜欢的方法朗读全文，圈出课文里的形声字。 （2）认读本课生字，分享找到的形声字：蚜、盯、赛、想。 （五）心字溯源，拓展学习 （1）教师出示"心"的字形演变，请学生猜字。 感想慢恨 （2）小结："心字底"还有"忄、小"的变形，分别是羡慕的慕、恭喜的恭，当我们看见"心、忄、小"这三个部件时，应该知道它们和心有关。

教学 过程 设计	**设计意图**：为学生拓展知识，古人认为心脏是思维和情感的中央器官，是重要的部分，所以很多汉字都与"心"有关，都带有"心、忄、⺗"。通过归类识字，也能够拓展学生的识字方法。 （六）指导书写，巩固生字 （1）教师范写：怪、想。 （2）投影学生书写，针对性指导
板书 设计	
练习 设计	（一）比一比，再组词 课（　　）　领（　　）　订（　　）　抬（　　） 棵（　　）　邻（　　）　盯（　　）　治（　　） （二）填一填，读一读 _____的葫芦藤　_____的小花　_____的葫芦

操场上

廖雪云

课题	操场上	课型		识字课
单元说明（教材分析）	本单元由《动物儿歌》《古对今》《操场上》《人之初》四篇识字课文组成，旨在通过集中识字的形式，完成识字任务。教材编排的识字形式丰富多彩，特色鲜明，贴近学生生活。本单元课文以浅显的韵文为主，易读、易懂、易记，还以简洁生动的语言向学生介绍了有趣的动物知识、丰富多彩的校园生活、四季交替欣欣向荣的美丽景色和基本的为人处世之道。 本课以体育活动为主题，由一幅图、六个词语和一首儿歌组成。词语都是体育活动的名称，第一行的活动与手有关，词语中的动词的字都带提手旁；第二行的活动与脚有关，动词的字都带有足字旁。儿歌描绘了下课后同学们在操场上活动的情景，告诉小朋友参加体育活动可以使我们的身体更健康。插图对应了6个词语中的4项体育活动的名称，也对应了儿歌描绘的活动情景，在学习中可以充分利用			
设计说明	中国汉字一字一太极，每个汉字的背后都蕴含着中华民族的文明和智慧。本节识字课中教师遵循构字规律，让学生科学识字。我们的汉字百分之九十都是形声字，所以要引导学生自己找出形声字，并根据形声字形旁表意、声旁表音的方法学习生字。按形声字的特点归类学习带有提手旁和足字旁的字，通过字源字理认识生字：锻、铃、炼、热、闹			
教学目标	1.正确、流利地朗读课文，了解课文内容。 2.采用科学识字的方法认识"操、场、拔"等12个字，能读准字音，认清字形。认识偏旁火字旁，会写生字"足、跑"。 3.引导学生初步了解课间活动的丰富多彩，激发学生坚持参加体育锻炼的兴趣			
教学重点	归类认识提手旁和足字旁的字，了解形声字的形旁往往表示这个字的意思这一规律			
教学难点	掌握识字方法			

教学 准备	教师准备：课件、生字卡。 学生准备：生字卡
课时 安排	一课时
教学 过程 设计	（一）听音乐导入 （1）听音乐猜一猜是什么曲子。 （2）什么时候会播放《运动员进行曲》？ （3）看课件，现在我们伴随着音乐来到了哪里？ （4）板书课题：操场上学生跟着老师书空课题，齐读课题。 （二）学习字词 （1）看图说话，认识体育活动的名称。 师：看，操场上多热闹啊！这些小朋友在干什么呢？ 根据个别学生回答，贴出表示体育活动的词语。 **设计意图：**通过看图来识字。 （2）自由读词语和儿歌，圈出生字，读准字音，读通顺句子。 （3）个别学生带读生字。 （4）汉字大冲关（开火车认读生字）。 （5）拿出生字卡，思考怎么记这些生字并给生字归类，然后同桌交流。 （6）给贴在黑板上的生字归类，说出归类理由。 （7）表扬归类出形声字的学生。 **设计意图：**学生们对形声字已经有了一定的认识，中国汉字百分之九十都是形声字，根据形声字的规律来识字是很好的识字方法。 （8）归类认识生字。 ①扌：操、拔、拍，与手的动作有关。 ②𧾷：跑、踢，与脚的动作有关。 ③铃、锻：带有"钅"的字大部分与金属有关，令、段既是声旁又是形旁。 ④总结形声字的特点：形旁表意，声旁表音。 **设计意图：**根据形声字的规律按偏旁来归类识字。 （9）字源字理识字。 ①出示炼、热。 ②猜一猜，这两个字之间有联系吗？ ③老师讲述这两个字的演变，造字本义，认识火字旁。 ④小结：带有火字旁和四点底的字大多与火有关。 **设计意图：**利用字源字理来学习火字旁，理解火字旁与四点底的联系。 ⑤学习会意字：闹。 **设计意图："**闹"是个会意字，门字框与门无关，是由"鬥"演变而来的。

教学 过程 设计	（三）课间操 一边读词语，一边做动作。 拍拍手　　捶捶背　　摸摸脸　　扭扭腰 跺一跺　　跑一跑　　蹦一蹦　　跳一跳 **设计意图**：通过做动作，进一步学习带有提手旁和足字旁的字分别与手和脚的动作有关。 （四）学习儿歌 （1）读儿歌，用横线画出儿歌中的体育活动。 （2）小组赛读儿歌。 （3）你喜欢什么体育活动？和同桌说一说。 （4）看图补充句子：下课了，同学们有的……有的……有的……还有的…… （五）指导书写：足、跑 （1）观察比较足和足字旁的不同之处。 （2）书空，练写。 **设计意图**：通过比较和书写，知道"足"和"⻊"的区别
板书 设计	操场上 打球　拔河　拍皮球　扌 跳高　跑步　踢足球　⻊
练习 设计	（一）我会选 练　　炼 　　（　）习　　锻（　）　　千锤百（　）　　训（　） （二）我会写出带有下列偏旁的字 扌： ⻊：

田家四季歌

秦 政

课题	田家四季歌	课型	识字课
单元说明（教材分析）	《田家四季歌》是一首充满童趣的儿歌，描述了一年四季的农事活动，通过学习本儿歌可以让小学生获得一年四季农作物的生长和农事活动的知识。对于字词的学习，学生有一定的学习经验，但识字量不大，语言积累刚起步。教师针对不同的字，分析字形，引导学生用自己的识字经验记住字形，以更加深入地了解汉字，帮助学生将听、说、读、写结合起来，能正确地认识并工整地书写汉字		
设计说明	识字、写字是阅读和写作的基础，是低年级的教学重点。同时，语文教学还要重视语文的实践性和综合性，在识字的同时还要重视阅读思维能力的培养，这对教师分配课程资源的能力提出了要求。随文识字是高效课堂的法宝，让语文课堂既能高效识字，又能有效学文，向课堂的四十分钟要质量。 《田家四季歌》是一首儿歌，按照春、夏、秋、冬的顺序，描绘了农民一年的农事活动，赞美了农家人的辛勤劳动，抒发了他们收获的喜悦。本课采用随文识字的方式，在学习诗歌的同时，根据文章进度随文识记生字。借助范读、开火车读、小组读等多种朗读方式多次复现，读准生字；结合生活经验、字源字理、直观演示等多种方式，理解字形字义；借助教师范写、总结规律、练写展评，指导学生记忆书写汉字		
教学目标	1.认识"季、蝴"等15个生字，读准多音字"场、了"，会写"季、吹"等10个字，会写"四季、月光"等5个词语。 2.能正确、流利地朗读课文，背诵课文。 3.初步了解田家四季农事		
教学重点	1.认识"季、蝴"等15个生字，读准多音字"场、了"，会写"季、吹"等10个字。 2.了解田家四季农事，感受劳动带来的快乐，读文背文		
教学难点	了解田家四季农事，感受劳动带来的快乐		

教学准备	教师准备：课件
课时安排	两课时
教学过程设计	第一课时 （一）谈话引入，交流识字 （1）小朋友们，你最喜欢哪个季节？你能和大家分享与这个季节有关的诗句吗？课件出示四季的图片，学生感受四季不同的特点。 （2）今天这节课老师要带领小朋友去看看农村的四季。（板书：田家四季歌）学生齐读课题。 **设计意图**：以"季节"为话题，调动学生的古诗积累，激发学生的学习兴趣。 （3）指导学习"季"字。 ①记忆字形：你是怎么记住这个"季"字的？ 预设1：对比识字，"季"比"李"多了一撇。 预设2：加一加识字，"禾"＋"子"为"季"。 ②教师指导书写："季"字上窄下宽，"禾"要写得扁、小，"子"三笔写成，横要长。 学生描红，教师展示评价，学生再书写。 **设计意图**：随文识字，鼓励学生运用多种方法识字，维护学生的学习自主性。 （二）初读儿歌，整体感知 1.借助拼音，自读儿歌 认真读儿歌，读准生字词；把不认识的生字圈出来多读几遍。 2.识记生字 （1）教师出示本课生字，学生开火车读，教师相机出示拼音并纠正读音。 （2）去掉生字拼音，开火车朗读并组词。 3.再读课文，整体感知 朗读课文，标清段落，说一说课文是按照什么顺序来写的。 课文有四小节，按照春、夏、秋、冬的时间顺序来写。 **设计意图**：逐节朗读课文，读好长句子的节奏和停顿，把握重点词语和生字，各个击破难点。 （三）指导学习第一小节 （1）春天的田家好美啊！谁来给大家读一读？ 引导学生读出节拍： 春季里，春风水， 花开草长/蝴蝶飞。 麦苗儿/多嫩，桑叶儿/正肥。 （2）田家的春季都有哪些景物和农事？读一读，找一找，画一画。学生交流汇报。看图对照春天的景物，形象感知课文。（板书：春季：麦苗嫩，桑叶肥）

教学过程设计	（3）学习生字"麦"。
	①出示麦苗图片，引导学生认识"麦"字。
	②出示"麦"的字理图，引导学生说说自己的发现。
	甲骨文中的"麦"字字形就很像长在田里的麦穗。
	设计意图：剖析汉字的构字理据，追溯汉字的演变，可以增强学生的想象力。同时，学生会觉得字与字的关联是一件有趣的事情。
	（4）指导书写生字"吹、肥"。
	吹：左小右大，"欠"第三笔撇从田字格中心起笔，撇向"口"下方。
	肥：左窄右宽，左顶部高，右底部高，"巴"的竖弯钩沿竖中线起笔，右下格弯出。
	学生描红，展评后再练写。
	（5）朗读指导。
	要读出春天生机盎然的感觉，整体节奏要舒缓。"花开草长"语气舒缓，语调含情，读出花草的优美。"蝴蝶飞"语速轻快，读出蝴蝶的可爱。强调"多嫩""正肥"，读出赞美和欣赏的感情。
	（四）指导学习第二小节
	（1）转眼间，天气越来越热，夏天到了，农民伯伯又在忙什么呢？我们一起来读一读第二小节。
	引导学生读出节拍：
	夏季里，农事忙，
	采桑养蚕/又插秧。
	早起/勤耕作，归来/戴月光。
	（2）夏天里的田家有什么特点？（"农事忙"）
	（3）指导书写生字"农、事、忙"。
	①指导书写"农"。
	A.图片出示"农夫山泉""农家乐""农业银行"等招牌，帮助学生记忆。
	B.范写要点：第一笔和第二笔居横中线上侧，捺撇要平衡伸展。
	C.学生先说要领，再练写。
	②指导书写"事"。
	A.师生观察，交流书写要点：横笔较多，各部分要写紧凑，中间"口"要稍窄略扁。
	B.学生练写，展评。
	③指导书写"忙"。
	A.范写要点："忄"注意笔顺，先两边，后中间，横笔从右点下方起笔，竖折从田字格中心起笔，收笔窄于上面横笔右端。
	B.学生练写，展评。

	（4）联系上下文体会"农事忙"。 **设计意图**：借助生活经验、观察总结等方式识记生字，结合教师范写与学生练写，使学生生字学习更高效。指导书写，培养学生良好的写字习惯，使学生爱写字，会写字。 ①这一小节中写了哪些农事呢？ 采桑，养蚕，插秧，看图对照夏天的农事场景，形象感知。（板书：夏季：采桑、养蚕、插秧） ②想象：人们还可能忙着做什么农事？ 预设：浇水、施肥、收割小麦…… ③读一读第2小节，说说从哪里可以看出田家农事"忙"呢？ 预设1："早起勤耕作，归来戴月光"，农民伯伯每天早上天还没亮就出去干活儿，晚上回来的时候，月亮已经出来了，可以看出田家农事"忙"。 预设2：采桑养蚕又插秧，就是刚摘好桑叶养蚕，又要去田里插秧，真忙啊！ （5）书写指导"戴"。 ①范写要点：笔顺是从上到下、从左到右；"土"下横从左上格延至又上格，左低右高；"戈"斜钩是这个字的主笔，起笔高，收笔低，撇从横中线上起笔，写到右边下，穿插过去。 ②口诀：土字头，田字腰，共字短腿拿大刀。 学生描红，展评后再练写。 （6）朗读指导。 "采桑养蚕又插秧"读的稍快，读出田家的忙碌。"早起勤耕作，归来戴月光"要充满敬意地读，语调稍重。 （五）课堂演练，布置作业 （1）练写本课生字。 （2）尝试背诵前两小节儿歌。 第二课时 （一）复习导入 （1）课件出示生字，学生认读。 （2）尝试背诵课文前两个小节。 （二）指导学习第三小节 1.回忆旧识，引出新知 上节课我们知道了田家春季的美和夏季的忙，这节课我们看看秋季和冬季分别描写了哪些农事。 （1）指名读第三小节 引导学生读出节拍： 秋季里，稻上场， 谷像黄金/粒粒香。 身体/虽辛苦，心里/喜洋洋。

（表格左侧单元格）教学过程设计

教学过程设计	（2）讲解"稻上场" 稻上场指的是把稻谷放在平坦的空地上晾晒。（板书：秋季：在场上收稻谷） （3）学习多音字"场" ①正音：多音字"场"在这里读"cháng"，指平坦的空地，一般是用来打谷、晒粮食的地方。 ②出示词语"打场"（cháng）和"操场"（chǎng），学生标注正确的拼音，并借助配图区分第二声和第三声。 2.品读句子 （1）在第三小节中有个句子写得很形象，你们发现了吗？（谷像黄金粒粒香） 提问："谷"为什么被比作黄金呢？ 预设1：看图，秋天里成熟的谷子黄澄澄的，像黄金的颜色。 预设2：谷子像黄金一样宝贵，凝结着农民伯伯的汗水。 （2）品读"身体虽辛苦"，体会感情。 ①学习"虽"："虽"是平舌音，虽然的意思。 ②理解"辛苦"：除了农民伯伯，还有谁辛苦？ 预设：环卫工人、交警叔叔、老师、工人师傅、解放军叔叔…… 3.引导理解"喜洋洋" （1）引出词语"喜洋洋"：面对丰收，人们的心情怎样？ （2）拓展其他表示喜悦心情的ABB形式的词语，如乐呵呵、笑哈哈、美滋滋等。 4.朗读指导 请同学们带着秋天丰收在望的喜悦之情朗读这一小节。"粒粒"要拉长声，"香"读出很享受的感觉，"心里喜洋洋"读时想画面，充满喜悦地读。 5.指导书写生字"辛、苦" （1）辛，第二横最长，写在横中线上，最后一笔"竖"和竖中线重合。 （2）苦，第二横最长，写在横中线上，中间的小竖较短稍倾斜。 （3）教师讲清要点，学生动笔练写。 （4）评价反馈，修改完善。 （三）指导学习第四小节 1.指名读第四小节 引导学生读出节拍： 冬季里，雪初晴， 新制棉衣/暖又轻。 一年/农事了，大家/笑盈盈。 2.教师提问，学生回答 （1）提问：农民伯伯冬天在做什么？ （2）提问：冬季农民伯伯是什么样的心情呢？ 从"笑盈盈"一词可以感受到人们的喜悦。（板书：冬季：农事了，笑盈盈）

教学过程设计	3.指导朗读 提示多音字：这里也有个多音字，你发现了吗？在这里，"了"是什么意思呢？ 我们来看看：当它读"le"的时候是什么意思？ 指名说。当它读"le"的时候表示动作或变化已经完成，或者是有了变化；当它读"liǎo"的时候是"完毕，结束"的意思，"一年农事了"指一年的农事全部结束了。 教师指导，读出节奏。 **设计意图**：读写结合，深化学生对课文的理解。同时，有课文作为模板参考，学生习作门槛降低，畏难心理减轻。 （四）朗读课文，体会儿歌特点 （1）师：同学们，一年四季的景色那么有特色，又那么美，下面同学们自由读全文，看一看每一小节有什么共同特点。 预设：每一小节的字数相同。 点拨：儿歌的字数整齐一致，读起来很有节奏感。 （2）再读全文，读出韵味。 （五）总结归纳，布置作业 1.课文小结 本文按照春、夏、秋、冬的顺序描绘了农民一年的农事活动，赞美了农家人的辛勤劳动，抒发了他们收获的喜悦。（板书：农家人辛勤劳动） 2.布置作业 仿照课文的格式，选择春、夏、秋、冬其中一个季节，写一节诗歌，如《春季歌》《夏季歌》
板书设计	田家四季歌 { 春季：麦苗嫩，桑叶肥 / 夏季：采桑、养蚕、插秧 / 秋季：在场上收稻谷 / 冬季：农事了，笑盈盈 } 农家人辛勤劳动
练习设计	仿照课文的格式，选择春、夏、秋、冬其中一个季节，写一节诗歌，如《春季歌》《夏季歌》

动物儿歌

秦 政

课题	动物儿歌	课型	识字课
单元说明（教材分析）	本单元是本册书中的一个集中识字单元，由《动物儿歌》《古对今》《操场上》《人之初》四篇课文组成，旨在通过集中识字的形式完成识字任务。教材编排的识字形式丰富多样，特色鲜明，贴近生活。本单元出现的生字大部分是形声字，课文以浅显的韵文为主，易懂、易读、易记			
设计说明	识字教学是本单元的重点，《动物儿歌》是活泼生动的童谣，运用学生喜欢熟悉的小动物名称和生活习性带出生字，在教学中让学生认识生字，读准字音，突破"音"和"形"的难点，引导学生举一反三，运用归类识字、比较识字、看图识字、游戏识字、字理识字等方法，帮助学生逐步提高独立识字的能力，感受识字的乐趣，从而达到边读边记，积累语言的目的			
教学目标	1.随文识字，认识12个生字。 2.正确、流利地读儿歌。 3.激发学生对小动物的兴趣			
教学重点	引导学生掌握形声字的识字规律，并自主识字			
教学难点	感受儿歌的节奏和韵律，培养学生的语感和自主识字能力			
教学准备	教师准备：课件和识字卡片，贴图道具。 学生准备：识字小卡片			
课时安排	一课时			

教学过程设计	（一）猜谜导入 （1）师：你们喜欢小动物吗？今天老师带你们去动物王国看一看，大家齐读课题，并书空写笔顺。 （2）猜谜语，猜一猜动物是什么，依次猜出蜻蜓、蚯蚓。 （3）引导学生初读课文，找出另外几个动物朋友。 （二）识字读文 （1）看图来说一说，提示说一句完整的话：谁在哪里做什么？ （2）发现板书中的秘密：都有一个虫子旁。 （3）字理学习"虫"，再启发学生说一些虫子旁的字。 （4）老师正确解释字理：虫字旁本义是毒蛇，现在指的是昆虫，在古代这个字指的是所有的动物，古人还把老虎叫作大虫，把蛇叫作长虫。 **设计意图**：通过观察汉字演变过程，理解虫字旁的意义，发现象形字的特点，从而感受汉字的神奇，热爱祖国的语言文字。 （5）师生拍手读儿歌，一问一答式拍手读（什么半空展翅飞，蝴蝶哪里捉迷藏，蚂蚁地上干什么）。 **设计意图**：儿歌的特点是有节奏、有韵律，本课儿歌每一句都是以"谁在哪里干什么"的结构组成的，教师应引导学生在多种形式的朗读中感受儿歌的节奏和韵律，培养学生的语感。 （6）多种游戏巩固识字。 ①找朋友（老师举起手中的生字卡片，学生拿出对应的卡片）。 ②开火车（读藏在动物后面的生字：造、食、粮、藏、运、池、欢、间）。 ③卡片归类（两名同学上黑板贴生字归类，其余同学自由摆一摆）。 ④古汉字和字谜猜一猜。（重点讲网、迷）走之底，真辛苦，先装货物再赶路。 ⑤火眼金睛，生活中识字（广告牌认字，书名认字）。 **设计意图**：在不同的教学环节中复现生字，采取活泼有趣的方式让生字反复再现，让学生从整体上识记字形，使识字得以巩固。可以用生字组成学生理解的常用词语或句子，使生字在语境中不断复现，帮助学生巩固生字。 （三）写字教学 书写"网"和"迷"。 先回忆小口诀，记住半包围结构和走之底的写字要领。 （四）小结拓展 师：时间过得真快，这节课结束了，相信大家学到了很多的新知识。老师送给大家一句话：生活中处处有学问，只要我们用心学习就会有收获。 拓展延伸，课外收集带"虫"的字，记录在自己的展示本上，比比谁认识的多。 **设计意图**：积累生字是对识字的巩固和运用，同时培养学生自主学习的习惯

板书设计	动物儿歌 蜻蜓　　展翅飞 蝴蝶　　捉迷藏 蚯蚓　　造宫殿 蚂蚁　　运食粮 蝌蚪　　游得欢 蜘蛛　　结网忙 wǎng 网 上网　结网 网、象形字。像一张网。网作偏旁时常写作罒，如罩、罚、罗等字
练习设计	（1）书写"网"和"迷"两个生字。 （2）收集带"虫"的偏旁字，记录在自己的展示本上

恐龙的灭绝

饶红群

课题	恐龙的灭绝	课型	识字课
单元说明（教材分析）	本课是人教版语文二年级下册第八单元第三篇课文。本单元的课文以爱科学、学科学为主旨。本课是一篇科学知识小品文，介绍了恐龙灭绝的几种说法。恐龙的灭绝原因至今还是尚未揭开的谜团，教学时可以让学生带着这些疑问在想象中漫游恐龙王国，在漫游中轻松愉快地朗读课文，同时激发他们对科学的好奇心。综合教材编排意图、单元人文主题，课后思考探究与积累拓展，以及本篇的文体特点、独特的表达方式，以人文化育为价值取向，以文本为解读之基点，整合融通"作者中心""文本中心""读者中心"三种视角，整体关照文本的内部和外部系统，经由文本速读、细读、研读、创读四个基本环节，对《恐龙的灭绝》进行了融贯式文本解读。 学生通过浏览网页，能对自己感兴趣的事件产生自己的感受和想法，积极与人交流，学会默读、自主阅读、合作阅读和主题阅读，学会收集、浏览相关信息，质疑、讨论有关课文内容的话题，加深对文中不同说法的感悟，产生对恐龙的来源、灭绝等进行科学探究的兴趣		
设计说明	二年级的学生形象记忆能力强，理解透彻。在教学中教师要注重让学生充分地读，通过多种形式的朗读，使学生在主动积极的思维和情感活动中加深理解和体验，有所感悟和思考，受到情感熏陶，获得思想启迪，积累优美语言，享受审美情趣，内化语言，练习有条理地说话。本课基于语文深度学习理念进行教学设计，以语文深度学习为路径，以信息技术为手段，让学生通过语文课程形成的核心素养落地		
教学目标	1.学习本课生字15个，理解"庞大、哺乳动物、信服"等词，能正确、流利、有感情地朗读课文。 2.利用小组合作学习，通过在网上学习、查找资料和阅读课文，了解恐龙灭绝的多种说法，感受大自然的神奇，产生探索科学奥秘的愿望		
教学重点	感受大自然的神奇，有对恐龙的灭绝等自然现象进行科学探究的兴趣和愿望		

教学 难点	学生能在正确、流利的朗读中感悟理解词句和课文介绍的科学知识。培养学生的探究精神和创新意识，尊重和保护学生学习的自主性和积极性
教学 准备	教师准备：生字卡片、PPT、搭建学习网站、课中休息音乐。 学生准备：学生字卡
课时 安排	一课时
教学 过程 设计	（一）质疑导入，激发兴趣 在大约两亿年前，我们的地球上生活着一个庞大的种族，恐龙有过一段十分辉煌的历史。那时，还没有人类，恐龙才是地球的主人，它们到处漫游，足迹遍及整个世界。 （1）教师提问：大家对动物是不是很感兴趣呢？你们知道有哪些动物比较大吗？ （2）（电脑出示：恐龙骨骼模型）让学生猜一猜这是什么动物的骨骼模型。 **设计意图**：新大纲要求学生在学习浏览时，能根据需要收集、整理有关材料，教师利用虚拟的网络空间引导学生在资料室里查询与恐龙相关的资料，接着引导学生在网络平台查询有效信息，同时在网页中设计与课文学习相关的内容，在课堂上对学生渗透研究性学习的方法，让学生初步学会收集信息、整理信息、应用信息、拓展信息，能自主选择适合自己探究的问题进行研究。 （二）播放影片，创设情境 （1）引言：恐龙是地球上曾经出现过的最大的动物，今天就让我们穿越时空的隧道，回到恐龙生活的那个年代去看看吧！ （2）播放有关恐龙的影片《侏罗纪公园》并讲解：大约两亿年前，恐龙在我们的地球上生活着，它们自由自在，盛极一时，称霸地球。 学习"谜"： 谜是左右结构，左边是个言字旁，右边是个"迷"。 区别"谜"——"迷"。 言字旁与语言有关，走之与行走、运动有关。 当我们猜谜语时要用语言，所以用言字旁的谜；迷路时找不到方向，就用走之这个"迷"。像这样，关注偏旁就能区别同音字。 指导写"谜"（笔顺、走之、米的长横变短横）。 这个字的偏旁在左边，所以要写得左窄右宽。 长横变短横，捺变点，点画偏右移，横折折撇流畅，交处对齐点，捺画有波折。 **设计意图**：在努力创设开放而有活力的语文课程时，注重拓宽语文学习和运用的领域，注重跨领域学科知识的学习和现代化科技手段的运用，培养学生的探究精神和创新意识，尊重和保护学生学习的自主性和积极性，让学生学会收集、浏览相关信息，鼓励学生运用多种方法，从不同角度进行多样化的研究。 （三）学习课文，理解感悟 1.读好课文，提取信息 （1）开展多种形式的朗读，要求学生读准字音，读通句子，读懂词句的含义，读

出自己的感受和理解，积累词句，内化语言，交流自己从课文中了解的信息。

（2）根据学生的回答随机进行引导，交流朗读中的难点，师生共同练读。

2.以读代答，理解词句

（1）学习恐龙生活的历史年代。指导朗读，强调在朗读时要着重读"两亿年""短多了"等词句。

（2）教师引读，读好问句"庞大的恐龙为什么会灭绝呢？"

学习由两个意思相同的字组成的词语：枯萎、死亡等。

因为没有阳光照射，植物大量——（出示：枯萎）

萎：干枯，枯也是干枯，你从中发现了什么？

这个词前后两个字的意思相同，你还能在这段话中找到这样的词语吗？

如果找到文中的其他词语就及时读一读，这种说法简单地说，恐龙是被饿死的。

3.组织学生浏览网站

（1）为学生提供相关的学习资源：《蓝猫淘气三千问》——恐龙专题等。

（2）组织学生进行网络浏览，自己收集、整理恐龙灭绝的原因。

（3）请学生带着自己感兴趣的问题快速浏览网站，看看自己有什么新的发现。

4.发布信息，资源共享

教学过程设计

（1）设问：刚才同学们提出了许多关于恐龙灭绝原因的猜想，假如其他同学不相信你的猜想，你准备怎样来证明呢？

（2）分配任务：为了让大家清楚地了解每一个同学的研究成果，请大家把自己的观点概括成一两句话，发布在研究报告的"我的观点"一栏中。

（3）教师提供课文中关于恐龙灭绝的说法，让学生用"一种说法、另一种说法、还有其他种种说法"的表达方式有条理地介绍这几种说法。

（4）学生把自己的猜想写在研究报告上，然后查找相关资料来证明自己的观点。

设计意图：将学生带入更为广阔的网络世界，让他们了解更多有关恐龙灭绝的知识，激发学生继续探究的兴趣和欲望，利用网络灵活方便的交互方式努力把信息技术素养的培养与语文学科的任务有机地融合在一起。

（四）写字教学，指导书写

"传"，要写好"传"字关键的地方是什么？（撇折撇）

"染"字就更有意思了，"木"表示一种植物，它能榨出使物体着色的颜料；

"三点水"表示制成染料还需要加上适量的水，把要染的东西放进这有颜色的水中，经过多次浸晒，东西就着色了，这个"九"就是表示多次的意思。

"染"字由几个部件组成，写的时候要注意什么？

要把结构写得紧凑一些，上面"九"的那一撇要写在三点水的下面，下半部分木字旁撇和捺要写得舒展。

写的时候注意三个部件要写紧凑，下面的"大树"要稳稳地托住上面的两个部件。

巩固生字：

做"我说你猜"的生字游戏，看谁最先取出相应的生字卡片。

教学过程设计	教师说心里害怕，生就取出"恐"，站起来叫出它的名字即可。看动画，生依次拿出"偷""孵"，接着学生"点兵点将"读。 猜字谜：九缸水架在木架上。（染）一种大米或一堆大米。（类） 进行拼字游戏，理解"庞大、尘埃、枯萎"等词语。 教师范写"寒"字，提醒学生注意横画不宜长，以不超出宝盖为准，撇捺要舒展，三个点都要写在竖中线上。 写"染"字上半部右边是"九"字，不要多加一点。 写"谜"字先写"言字旁"，再写"米"，最后写走之。 写"类"字，强调一个字中不要写两个捺，如果出现，就将其中的一个捺变成点。 （五）总结全文，归纳中心 为了让天更蓝，让水更清，让树木更加茂盛，让我们拥有一个鸟语花香的世界，请从现在做起，从身边做起，从小事做起，珍惜绿色，爱护地球，共同保护自然环境，让更多的植物、动物朋友和我们相伴永远。 **设计意图**：学生通过这堂课的学习，能积极参与探究活动，尊重证据，关注一些与恐龙进化有关的问题，意识到探究学习的延续性，为学习保留继续研究的空间
板书设计	恐龙的灭绝 辉煌—突然变冷—撞上行星—其他说法—灭绝
练习设计	（1）关于恐龙灭绝的说法有几种？一种说法是什么？另一种说法是什么？还有什么样的说法？ （2）我们人类只有200万年的历史，恐龙却在地球上生活了大约多少年？ （3）选一选，填一填。 历史　　地球　　时间　　生活　　道理　　人类 美丽的（　　）　美好的（　　）　聪明的（　　） 宝贵的（　　）　悠久的（　　）　深刻的（　　）

雷 雨

饶红群

课题	雷雨	课型	识字课
单元说明（教材分析）	本单元以"大自然的秘密"为主题，编排了《古诗二首》《雷雨》《要是你在野外迷了路》《太空生活趣事多》四篇课文，教学重点是"提取主要信息，了解课文内容"。本单元的课文蕴含着丰富的自然科学常识，教师在教学时对科学常识不要做过深的探究和拓展，要依据课文内容，紧扣教学目标，对学生进行语言文字运用训练和语文能力的培养，让学生在理解课文的过程中逐渐产生探索自然科学的兴趣和热爱大自然的情感。《雷雨》是一篇描写夏季时节雷雨景象的优美短文，全文结构清晰，层次分明，按照"雷雨前—雷雨中—雷雨后"的顺序记叙，集中地表现了三个场景的鲜明特点。课文语言凝练，用词准确，写景细致、逼真。文中多为短句白描，既生动地再现了夏天雷雨的景象，又给读者留下了丰富的想象空间		
设计说明	教学体现工具性和人文性的结合，努力抓住具体的语言文字，激活学生的生活体验，引导学生多元感悟、合理想象，关注语言形式，实现语言潜移默化地同化、顺应，把语文课上得扎实、灵动		
教学目标	1.认识"压、蝉"等5个生字，会写"雷、乌"等9个字，会写"雷雨、乌云"等8个词语。2.正确、流利地朗读课文，背诵课文。3.能说出自己见到过的雨及下雨时的情景		
教学重点	能说出雷雨前、雷雨中和雷雨后景色的变化		
教学难点	能在语境中体会"压、垂、挂"等词语运用的好处并抄写句子		
教学准备	教师准备：生字卡片、PPT、课中休息音乐。学生准备：学生字卡		

课时安排	一课时
教学过程设计	（一）谈话导入，引入课题 （板书"雨"）师：你知道有哪些雨？ （指名朗读，齐读课题）师：让我们来读读夏天午后的雷雨。 自由读，分段读，同桌合作读。 （二）美文美读，随文识字 师：大自然太神奇了，一年四季，春、夏、秋、冬，风光秀丽，各不相同。要是下起雨来，四季的风光也是千变万化的。 （1）播放下雨天的音频，引导学生静坐听雨。 （2）部首拓展识字。 出示"雨"的各种字体（甲骨文、小篆、楷体），为接下来的"雨"识字做准备。 （3）一字开花，说出带"雨"的字。 部首拓展，识字进阶。狂风暴雨、风雨交加、暴风骤雨、大雨如注、细雨蒙蒙、疾风骤雨、大雨倾盆、雨急似箭、雨后春笋、春风化雨、牛毛细雨、雨过天晴。 出示带有偏旁雨字头的字。 雪、雾、霜、露、雹、雷、霞、霎。 检测学生识字结果。 这些生字你们都认识吗？我们一起来看看谁是"识字大王"。 **设计意图：**低年级的生字词教学饱含着学生对母语学习的最初认知——汉字是表意文字，每一个汉字的音、形、义都是一个故事、一幅图画、一段情节……在语文课上，教师应该让生字、新词鲜活起来，活脱脱地展现在学生面前，让他们饶有兴致地识字、认字、写字，感受汉字的魅力。这就需要教师钻研汉字的造字规律，熟知常用汉字的字源，从一个字到一类字，从字的本义到引申义，由此及彼、由表及里，使学生学得透彻，学得扎实。 （三）朗读感悟，理清文脉 1.学习雷雨前 （1）课件出示图（雷雨前）。 请学生说说雷雨前都看到了什么。 请学生读课文1~3自然段，在文中找一找，画一画。 交流自读自悟情况：雷雨前是什么样的景象？你是从文中哪些语句知道的？ （2）创设情境，理解课文。 师：你看，云已经很厚、很低、很重了，就要掉下来了。这时，你有什么感觉？ 指名朗读，读出乌云压下来的感觉。 （3）创设情境，理解"垂"。 大风吹得树枝乱摆。蜘蛛害怕了，直直地滑下来逃走了。 多媒体课件演示闪电和雷声，创设情境，帮助学生理解课文内容。 **设计意图：**"垂、压"的理解，先借助动作或图片，直观理解词的本义，然后结合语境，联系生活，体会词语运用的巧妙，最后通过朗读表达自己的感受。通过这样

教学过程设计	循序渐进的学习过程，将理解、运用、积累融为一体。 （4）拓展练习，请学生用两个"越来越"说一句话。 指导学生有感情地朗读课文。师：雷雨前的空气真闷呀，一场大雨就要下下来了，让我们带着这种感觉，有感情地朗读课文吧！ 师：你知道蜘蛛是怎样从网上下来的吗？ 比较： 一只蜘蛛从网上垂下来，逃走了。 一只蜘蛛从网上掉下来，逃走了。 师：作者的一个"垂"字用得多妙啊！让我们看到蜘蛛以它最快的速度从网上下来逃走了。 总结：同学们，在炎热的夏天，天气的变化实在太快，瞧！天空中先是乌云密布，又闷又热，忽然间狂风大作，紧接着电闪雷鸣，这个变化过程就是课文1~3自然段描写的情境，请大家再一起读课文，感受一下雷雨前的变化吧！ **设计意图**：让学生借助关键信息说说雷雨景象的变化，降低了难度，从多角度引导学生结合课文情境，运用学过的词语进行个性化表达。 2.学习雷雨中 师：听，什么声音？雨下起来了，你知道这是一场怎样的雨吗？ 自由朗读4~6自然段，把相关句子做上记号，练习读一读，用你的朗读来告诉大家雨下得很大。 课中休息，播放歌曲，活动身体。 （四）集中识字，理解内容 1.猜字谜 天上有面鼓，藏在云深处。响时先冒火，声音震山谷。（雷） 千条线，万条线，掉进水里看不见。（雨） 2.汇报识字方法 （1）压：做一做把手压在语文书上的动作。用顺口溜识记：广上一点落下，埋在泥土底下。 （2）蝉：课件出示"蝉"的图片，播放蝉的叫声，使学生了解"蝉"是一种昆虫。 （3）垂：出示蜘蛛垂下来的图片，引导学生感受"垂"字的整体结构。 ①用数笔画的方法来识记。课件展示"垂"字的笔顺，请同学们一起书空。 ②看课件图片，通过比较来理解"垂下来"和"掉下来"这两个短语。 出示图片：下垂的小狗耳朵、成熟的向日葵、掉下来的树叶、从树上掉下来的苹果。 ③小结："垂下来"，东西一头向下，一头与上边的连在一起。"掉下来"，东西向下，和上边的分开了。作者用词准确，非常值得我们学习。 ④看图选词，巩固运用词语（课件出示垂柳图、大雪压松图和古诗句）。 A.万条（　）下绿丝绦。

	B.千朵万朵（　）枝低。 ⑤扩展识字。 出示图片引导学生用顺口溜拓展识记生字：有目就睡，有手就搔；金秋时节，稻穗下垂。 （4）用猜谜语的方法识记"户"：无方之房。（户） （5）采用"加一加"的方法识记"扑"：扌＋卜＝扑。 区别：朴—扑—仆。 "户"能组词吗？ 千家万户、家家户户、挨家挨户、窗户。 你们见过窗户吗？有两扇的念"门"，单扇的念"户"，这个"户"就是单扇的门的意思。 "户"还指一家人，"千家万户"就是说很多很多人家。 3.交流识字方法，在语言环境中识字 学生畅所欲言，交流识字方法，随机归类。 熟字加偏旁：阵、彩、虹、蝉、蜘、蛛。 熟字换偏旁：乱、逃、彩、虹。 熟字减一减：垂。 4.出示虫字旁的字，你发现这些字有什么特点 "虹、蝉、蜘、蛛"这四个字都是虫字旁，虫字旁的字跟什么有关？ 昆虫，蝉和蜘蛛都是昆虫，所以是虫字旁。 "虹"为什么会是虫字旁？ 原来"虹"是从甲骨文演变而来的，古时候的人对自然现象不了解，以为"虹"是雨后出现在天空中的一条大虫，所以在造字的时候把"虹"归为虫字旁。 除了部首相同以外，它们还有哪些共同点？ 它们都是形声字，形旁表意，声旁表音，结构上都是左右结构的字。 你还知道哪些带有虫字旁的字？ 蚂蚁、蝴蝶、蜜蜂、蟑螂、蜻蜓、螳螂…… 图文结合，放在语言环境中识字：垂、沉、压。 出示图文，"满天的乌云，黑沉沉地压下来。"天空非常黑，"沉"就是下沉，说明天空黑得好像要掉下来似的。 师：乌云在头顶上有什么感觉？ 很闷，好像怎么样？（做压的动作） 压下来一样。"压"，厂字头平平压在土里。 垂，垂柳。看你的同桌的辫子垂下来叫什么？垂发。 不停地流眼泪叫什么？垂泪。 不停地流口水叫什么？垂涎三尺。 "垂"是独体字，它是由象形字演变而来的，"垂"的本义是成熟的果枝或穗子坠向地面，作为动词时是下坠、坠落的意思。

教学 过程 设计	5.玩猜字谜游戏，看谁能又快又准地猜出来 广上一点落下，埋在泥土底下。（压） 有目就睡，有手就捶；金秋时节，稻穗下垂。（垂） 师：同学们认识的字真多，你们的识字方法也多种多样，生活就像一本大书，只要同学们留心观察，认真总结，就会认识更多的生字。 （五）观察生字，指导书写 （1）PPT出示生字，指导书写"雷"。第三笔是横钩，不能写成横折钩，四点斜着对齐写，下部分"田"要居中写。 （2）学生练写之前规范坐姿，念坐姿、执笔口诀。 （3）学生练写，教师巡视指导。 （4）展示评价。 （六）课堂小结，梳理知识 （1）了解到形声字的特色，利用形声字识字方法对于快速识记生字、阅读、写话会有很大的帮助。 （2）全文总结：雷雨是夏天常有的自然现象，作者通过仔细观察，把看到的、听到的、想到的写下来了。其实在我们的生活中，不只有雨后的景色美，早晨、傍晚的景色也很迷人，一场雪、一场春雨都很有韵味，只要我们用心观察，就会发现大自然的许多奇妙之处。把这些观察到的景象写下来，你就是生活的有心人。 （3）以文带文，拓展识字。把课文编成诗歌，读一读，认一认。 雷 雨 满天乌云黑压压，树叶蝉声静悄悄。 忽起大风枝乱摆，蜘蛛垂下逃走了。 雷鸣电闪轰隆隆，户外大雨哗哗下。 雷雨渐小天变亮，太阳出来彩虹挂。 蜘蛛织网蝉鸣叫，池满青蛙呱呱呱。
板书 设计	雷雨 雷雨前——乌云、大风、闪电、雷声 （时间顺序）雷雨中——越下越大、渐渐小了 雷雨后——太阳、彩虹、蝉叫、池塘水满、青蛙叫
练习 设计	（1）读一读，说说你见过什么样的雨，当时是怎样的情景。 毛毛雨　阵雨　雷雨　暴雨 （2）读读课文最后描写雨停后的种种景象，你能模仿着写一写冬天来临时的景象吗？ （3）说一说雷雨前、雷雨中和雷雨后景色的变化

小猴子下山

饶红群

课题	小猴子下山	课型	识字课
单元说明（教材分析）	本单元围绕"习惯"这个主题编排了4篇课文，都渗透着责任意识和良好习惯的养成。本单元课文贴近学生的生活，故事情节充满童趣，语言明白、易懂，文中丰富的插图能激发学生的阅读兴趣。在本单元的教学中要循序渐进，体现学习的层次性，指导学生在读懂课文的基础上整合信息，引导学生根据已知内容对后面的内容做出推断，树立信息完整性的意识，进行逻辑思维的训练。《小猴子下山》是部编版小学语文一年级下册第七单元的第四篇课文，是一篇趣味浓厚的童话故事。课文讲的是一只小猴子在下山时看见许多可爱的东西。它看见什么都喜欢，但抓到这个丢了那个，结果一无所获，只好空手而归。本文图文并茂，语言简洁生动，五个自然段分别对应五幅插图，如同连环画一般，使小猴的动作、形象更加直观化。《小猴子下山》要求学生在读懂课文的基础上整合信息，对"小猴子最后为什么会空着手回家去"做出推断		
设计说明	《义务教育语文课程标准（2022年版）》指出：语文教学要注重语言的积累、感悟和运用，注重基本技能的训练，让学生打好扎实的语文基础。本课的设计力争突出随文识字策略，采用多种手段创建语言训练平台。借助本文内容，组织学生展开识字与阅读的语言训练，引导学生自主理清故事顺序，在有趣的故事情节的推动下，习得识字方法，丰富语言积累，感悟文章说明的道理，即做事情要一心一意，从而实现语文课程工具性与人文性的统一。 从学生的知识掌握和能力体系来看，学生经过一个多学期的学习，有了一定的语言积累和口语表达能力，学习了图文结合理解课文内容的方法，也初步学习了结合词句的理解来理解课文内容的一些方法，具有初步的思维理解能力和口头表达能力		

教学目标	1.认识"猴、结"等12个生字，会写"瓜、空"等7个生字。 2.正确、流利、有感情地朗读课文，能结合插图、板书等讲述故事，从中明白做事情的道理。 3.理解"非常"的意思，学会运用量词"一块、一棵、一片、一个"，积累"又……又……的……"的短语
教学重点	1.能正确、流利、有感情地朗读课文，并能结合插图、板书等讲述故事，能从中得到启示。 2.了解表示动作的词语的不同含义，读好小猴子第一次下山时的欣喜之情
教学难点	1.仿照"小猴子走到（哪里），看见（什么），就（怎么样）"这个句式，说说第一自然段的故事情节。 2.利用动作演示等方法正确理解"掰、扛、扔、摘、捧、抱"等词语，了解并积累"又（　）又（　）"的词语
教学准备	教师准备：教学课件、生字卡片、词语卡片。 学生准备：生字卡片
课时安排	一课时
教学过程设计	（一）创设情境，激趣导入 1.激趣导入 教师在黑板上画一座小山，导入：在这座小山上住着一只猴子，小猴子在山上待的时间太长了，山上的野果也吃腻了，今天它想下山来转转，看看有没有新鲜的东西吃。同学们，咱们赶快跟它打一下招呼吧！（在小山上贴一只小猴子图片） **设计意图：**本文的插图生动形象，图文一一对应，教学时注意激发学生学习的兴趣，像学习连环画一样学习文本故事，增强学生学习的兴趣。 2.学习"猴"字 师：今天我们要学习的课文是一个故事，题目是《小猴子下山》（板书课题）。 （1）提示："猴"字反犬旁，跟动物有关，右边是王侯的"侯"，中间没有一竖。 （2）指导读"小猴子"，"子"读轻声。 （3）回忆带反犬旁的字。（狼、狗、猪）如果是口字旁，师板书"喉"，并提问"应该是什么意思？"（跟口有关）根据形声字的构字规律，它也读hóu，是呼吸器官的一部分，可以组词"咽喉"。 （二）初读课文，整体感知 1.自由朗读课文 小猴子下山，到了哪些地方？请借助拼音自由朗读课文，读准字音，读通句子，遇到难读的句子多读几遍。 2.学习文中的量词 （1）结合学生回答，粘贴图片，板书： 一块玉米地　一棵桃树下　一片西瓜地

教学过程设计	（2）教学"块"。 ①在"一块玉米地"里，"块"是量词，还可以说"一块糖、一块饼干、一块黑板、一块玻璃"。 ②出示另一种解释：成疙瘩或成团的东西，组词（糖块儿、土块儿）一般会带儿化。 （3）教学"棵"。 ①细而长的，而且有生命的，能向上长的一般用"一棵"，还可以说"一棵向日葵、一棵小苗、一棵瓜秧"。 ②小而圆的东西，包括颗粒状的东西，一般用"一颗"，还可以说"一颗红枣、一颗珍珠、一颗星星"。 （4）教学"片"。 ①指导朗读："西瓜"的"瓜"读轻声。 ②用于地面、水面、景色或成片的东西，还可以说"一片药、一片汪洋、一片好心"。 （5）教学"只"。 ①用于计某些成对的东西的一个、动物（多指飞禽、走兽）、某些器具、船只等。例如：一只雨鞋、一只小狗、一只箱子、一只木船。 ②用于计杆状物品、队伍、歌曲、乐曲等。例如：一支笔、一支海军部队、一支乐曲。 （6）根据图片联系说话。 小猴子下山，先来到了一（　）玉米地，再走到一（　）桃树下，接着走过一（　）西瓜地，最后看见了一（　）小兔子。 **设计意图**：本课中要求识记的生字，部分可以借助生字和熟字的关系帮助学生记住字形，还可以让学生联系自己的生活经验或借助图片来识记生字。 （三）自主合作，品味赏析 （1）师：同学们，课文1~4自然段结构类似，请大家以四人小组为单位，选择你们喜欢的一个自然段开展自主学习。 （2）出示小组合作学习要求： ①读一读：把课文读通顺，把意思读明白。 ②想一想：小猴子来到什么地方？看到什么？心情怎样？小猴子是怎样做的？ ③议一议：找出文中表示小猴子动作的词语，学着做一做。 ④演一演：有感情地朗读课文，并进行表演。 （3）各小组汇报学习情况，教师板书。 玉米——又大又多——掰、扛、扔。 桃子——又大又红——摘、捧、扔。 西瓜——又大又圆——摘、抱、扔。 小兔子——蹦蹦跳跳——追、空着手回家。

教学过程设计	**设计意图**：文中有9个表示动作的词"结、掰、扛、扔、摘、捧、抱、蹦、追"，其中有5个是提手旁，教学时充分利用形声字的特点，归类识字，并借助课文插图、动作表演等帮助学生区别、理解字义，还可以用字谜形式帮助学生理解，如两手一分就是掰。 （4）重点理解"掰、扛"两个词语。 ①指名上台做"掰、扛"的动作。 ②让学生说一说小猴子为什么用"掰、扛"这样的动作，进一步理解玉米大的意思。 "掰"是左中右结构，两手中间一分开就是"掰"字，请学生用两只手做一个"掰"的动作。 **设计意图**：掰，会意字，字从双手，从分。"分"，义为"一分为二"。"双手"与"分"联合起来表示"用双手把一物分成两份"。 "蹦"是左右结构，山下有个小朋友，正在踢足球，就是"蹦"字。 （5）"大""多""红""圆"这些词都是什么词？ 这些说明事物、描写事物样子、好坏的词叫形容词。 （6）下面的词，让学生边读边做动作："扛、捧、抱、掰、摘、扔、追"。 "扛"，两手举起往肩上一放。 "捧"，两手在胸前做捧的动作。 "抱"，两手抱成一个大圆形。 **设计意图**：一般表示相近动作的词语，其细微区别，学生不易掌握，但他们能够比划出不同动词所表示的"不同动作"，可见学生对词义理解得透彻。 （7）表示动作的动词，哪些部首最多？ 因为手脚和"动"最有关系，所以提手旁、走字旁、足字旁的部首最多。 形容词和动词都能用在名词的前面，表示事物的样子、动作，可以把事物说得更具体、更形象、更生动。 （四）交流展示，变式品读 （1）引导学生发表自己的看法：小猴子下山来，它掰到过又大又多的玉米，摘到过又大又红的桃子，摘到过又大又圆的西瓜，追到过蹦蹦跳跳的小兔子，这次下山它看到了那么多的好东西，最后却空着手回家，这是为什么呢？ （2）喜新厌旧导致的结果是什么？用一个成语来形容就是什么？（一无所获） （五）仿创图文，巩固提升 （1）请学生结合插图，借助"小猴子来到什么地方，看到什么，心情怎样，做了什么"这些课文反复出现的句式，学习讲故事。 （2）请学生编一编《小猴子第二次下山》的图画书

板书设计	小猴子下山 玉米——又大又多——掰、扛、扔 桃子——又大又红——摘、捧、扔 西瓜——又大又圆——摘、抱、扔 小兔子——蹦蹦跳跳——追、空着手回家
练习设计	一、把课文改编成一首儿歌，请大家一起读一读 小猴小猴真高兴， 跑下山来找东西。 扔了玉米摘桃子， 扔了桃子摘习惯， 扔了西瓜追兔子。 空手回家有原因， 要问原因是什么， 小猴小猴太贪心。 二、选字填空 近　　进 （1）同学们一起走（　　）校园。 （2）小红的家离学校很（　　）。 三、仿照例子写词语 又大又多的玉米　又__又__的_____　又__又__的_____

古对今

双莉华

课题	古对今	课型	识字课
单元说明（教材分析）	本单元是一年级下册的第二个识字单元，由《动物儿歌》《古对今》《操场上》《人之初》4篇课文组成，旨在通过集中识字的形式完成识字任务。识字教学是本单元的重点教学任务，出现的生字大部分是形声字，还有的是会意字。教学时应注意引导学生温故知新，通过观察、比较了解所学生字特点，学习运用形声字、会意字的构字规律识字。可以引导学生举一反三，运用归类识字、比较识字、看图识字、韵语识字等方式，让学生逐步提高独立识字的能力，感受识字的乐趣。《古对今》采用对韵歌的形式识字。课文由三个小节组成，每小节四行，结构相同。每小节的前两行是单音节词对单音节词，如"古对今""晨对暮"；后两行是双音节词对双音节词，如"严寒对酷暑""和风对细雨"。三段韵文用简洁形象的语言和长短句交替的节奏描绘了四季轮回，冬去春来，昼夜交替，欣欣向荣，万物生长的自然规律。教学时，应引导学生联系生活经验，想象四季美景，进行朗读、理解和积累，在识字中了解常识，获得知识，感受生活的美好		
设计说明	从一年级学生的认知水平和思维发展水平考虑出发，以读为主，在读通、读好课文的基础上，让学生掌握汉字的音、形、义。汉字文化是中华传统文化的一部分，作为中国人，学习汉字不能只是停留在识字这个层面，还应该让学生了解汉字的构字规律及其蕴含的民族智慧，充分运用汉字知识学习汉字，感受汉字文化的魅力，从而爱上汉字		
教学目标	1.借助拼音把韵文读正确。 2.结合图画，联系生活，借助字理知识等方式学习生字。 3.学习书写"李、香"两个字		
教学重点	结合图画，联系生活，借助字源等方式学习生字		

教学难点	了解会意字特点，结合字形特点进行自主归类识字
教学准备	教师准备：PPT，会意字"朝、寒"的微课视频，字卡。 学生准备：生字卡片
课时安排	一课时
教学过程设计	（一）游戏互动，导入"古今" 1.游戏互动 师说一个词，生说一个意思相对的词，由课文之外的词说起，再逐步说到课文内的词语。 2.出示课题 学习书写"古"字，读题。 **设计意图**：一年级学生的手指协调能力还较弱，揭题时顺势指导书写"古"字，避免集中书写引起的学生手指疲劳。 （二）朗读课文，自主识字 （1）大声朗读课文，读准字音。 （2）分节指名朗读课文，正音。 （3）朗读接龙。 **设计意图**：多种形式的朗读，让学生把注意力集中在读准字音上，实现初步的自主识字。 （三）多种方法，科学识字。 （1）出示字词，认读字词。 （2）师：我发现这些字词中有很多字有共同之处，你发现了吗？ （暑、暖、晨、暮、朝等字中都有"日"字） （3）跟着太阳公公学生字。 ①师讲述一天之内太阳的运行规律，结合图画随机学习"晨、暮、朝、夕、朝霞、夕阳"等字词。 ②引导学生讲述四季的变化，结合图画顺势学习"春暖、秋凉、严寒、酷暑"等字词。 ③看微课视频，了解"寒"和"朝"两个会意字的特点，根据会意字特点找出"暮和暑"两个字，理解字义。 ④小结识字方法，通过板书，了解时间的轮回。 **设计意图**：学习的过程应该是发现的过程。这些生字中都有"日"，字义也与"日"有关联。学生找到字义与"日"之间的联系后，理解字义、识记字形也就水到渠成了。

教学过程设计	（4）生字归类，巩固识字。 ①朗读课文，要求读正确、读流利。 ②认读生字，自主将生字进行归类。 a.想一想，哪些生字可以放在一起。 b.学生按照自己的归类方式进行归类。 c.全班交流分类方式。 **设计意图：**运用已有的识字方法进行归类，可以培养学生的独立识字能力。同时，根据"组块"原理，还可以加强生字的识记。 （四）指导观察，练习书写 （1）出示要写的字：李、香。 （2）观察结构和关键笔画位置。 （3）师示范书写后学生练习书写。 （4）根据师生的评议，修正自己的书写。
板书设计	古对今 晨　春暖 夕　暮　严寒　酷暑 朝　秋凉 一天天　一年年
练习设计	根据课文内容填空。 （1）（　）对暮，雪对霜。 （　）（　）对细（　）， 朝霞对（　）（　）。 （2）（　）对（　），柳对杨。 莺歌对（　）（　）。 （　）（　）对（　）（　）

小蜗牛

双莉华

课题	小蜗牛	课型	识字课
单元说明（教材分析）	本单元以"观察"为主题编排了《雪地里的小画家》《乌鸦喝水》《小蜗牛》这三篇课文。这些课文的主人公都是动物，充满了童真童趣，能激发学生的阅读兴趣。学生在学习本组课文的过程中可以体会到，只要留心观察，生活中处处有学问。 本单元的教学要注意突出两个重点：一是要初步培养学生寻找明显信息的能力。首先让学生回顾第六单元《青蛙写诗》一课时，学会"根据问题，圈圈画画找出相关信息"的方法，然后继续借助这一方法在课文中寻找相关信息，最后和大家交流。二是引导学生借助图画阅读课文。本单元首次出现没有全文注音的连环画课文，要提示学生利用连环画课文图文对应的特点，借助图画理解课文内容，借助图画猜猜不认识的字。 《小蜗牛》是本套教材的最后一篇课文，也是本套教材首次出现的一篇没有全文注音的课文。课文只给部分难字注了拼音，配有四幅色彩鲜艳、季节特征显著的插图，以连环画的形式呈现，旨在培养学生看图学文、自主识字、独立阅读的能力。课文以一只可爱的小蜗牛和它妈妈之间有趣的对话呈现故事情节，以小蜗牛的视角生动鲜活地展现了一年四季的自然变化，帮助学生了解四季的不同特点以及蜗牛爬得慢的特点。 本课的结构和语言特点也很明显。第二、三、四自然段结构相同，小蜗牛的动作和蜗牛妈妈的语言不断反复。这种不断反复的情节，有利于学生习得语言，发展思维		
设计说明	基于课文的结构特点和语言特点以及学生已有一定的自主识字能力，本课主要引导学生运用已掌握的识字方法进行随文自主识字，初步感知文本的语言特点		
教学目标	1.认识"住、孩"等12个生字，能读准字音，认清字形，了解字词的意思。掌握1个新偏旁——王字旁。学习按笔顺正确书写"对、妈、全、回"4个生字。 2.正确流利地分角色朗读课文，抓住文中反复出现的关键句，体会蜗牛爬行的速度慢，并试着读出蜗牛妈妈和小蜗牛不同的语气。 3.借助图画和生活经验，了解一年四季的自然变化和蜗牛爬得慢的特点		

教学重点	准确识记12个生字，会写4个生字
教学难点	借助图画和结合生活实际，大胆猜读生字词，读懂课文，了解一年四季的不同特点
教学准备	多媒体课件、生字词卡片
课时安排	一课时
教学过程设计	（一）歌曲导入，初识"蜗牛" 1.欣赏歌曲 （1）今天，我们来听一首歌曲。听完后，看看哪些同学能说出歌曲中都有谁，它们有什么特点。 （2）播放歌曲《蜗牛与黄鹂鸟》，学生欣赏歌曲。 2.初识"蜗牛" （1）歌曲中出现了两只小动物，它们分别是谁？它们有什么特点呢？ （根据学生的回答出示蜗牛和黄鹂鸟的图画） （2）出示"蜗牛"和"黄鹂鸟"的词语卡片，请学生把蜗牛和黄鹂鸟的名字放在它们的图画下面。 3.导入新课 小小蜗牛真可爱。今天，小蜗牛还给我们带来了一个有趣的故事，故事的名字就叫"小蜗牛"。（板书课题，师生齐读课题） 设计意图：通过听歌曲《蜗牛与黄鹂鸟》，借助"歌曲中都有谁"这个问题，提示学生有意识地提取信息。通过出示蜗牛、黄鹂鸟的图片和词语，用连一连的方式引导学生猜读出"蜗牛"和"黄鹂鸟"两个词语。此环节既自然地导入新课，又有目的性地培养学生提取相关信息和看图识字的能力，为接下来的学习做了方法上的预热。 （二）整体感知，随文识字 1.发现不同 （1）请同学们把书翻到第108页，这是书中的最后一篇课文，你发现这篇课文和以往的课文哪里不同吗？ （前面的课文每个字都有注音，这篇课文只有几个字有注音） （2）你还发现了什么不同之处？ （课文里还有四幅图画） （3）你知道这篇课文为什么会和前面的课文有这些不同吗？ 因为你们经过一个学期的学习，已经学会了一些识字方法，认识了许多的汉字，所以今天大家要自己试着来读课文了。

教学过程设计	设计意图：引导学生发现课文的编排特点，为学生后面借助图画自主识字和独立阅读做准备。
	2.图文对照，整体感知
	（1）在读课文的时候，如果遇到不认识的字，又没有标拼音，怎么办？
	（遇到不认识又没注音的地方借助插图大胆猜读）
	（2）图文对照，初读课文。
	①遇到没有标注拼音的字，借助图画和以前学过的识字方法猜读识字。
	②圈画本课生字，自主识字认读。
	③生字组成词语，多种方法认读。
	（3）出示插图和课文。
	同学们看，这四幅图画分别和课文的哪几个自然段是在一起的？它们分别画的是哪个季节？
	设计意图：引导学生联系已有的识字经验，自主借助图画识字，培养学生看图学文、自主识字、独立阅读的能力。
	3.图文对照，随文识字
	（1）结合插图读第一、二自然段。
	①（指名读第一、二自然段）你知道了什么？
	②识记"住、孩、玩、吧、芽"：你是用什么方法记住这四个字的？
	③"芽"字你是怎么认识的？
	（因为插图里画的是春天，树枝上长出了嫩芽。借助图画猜读生字真是识字的一个好办法）
	④"玩"字左边是"王字旁"，它还有一个名字叫"斜玉旁"。这是怎么一回事呢？（播放微课视频）
	（2）春天来了，蜗牛妈妈让小蜗牛去小树林玩，去看小树的芽，它看到了吗？为什么？
	①出示句子，识记"爬"字。
	小蜗牛爬呀，爬呀，好久才爬回来。
	②这句话还在哪个自然段里出现了？快找一找。
	③"呀"字和前面的哪个字长得像？
	（引导学生应用形声字形旁表意、声旁表音的特点识记）
	④指导朗读，体会小蜗牛爬得慢。
	设计意图：汉字是有"理"的，识字教学需要讲"理"。讲"理"的识字教学能够帮助学生不仅知其然，还知其所以然；不仅认识当前的汉字，还触类旁通理解其他有相同特点的汉字。学生通过探究"王字旁"为什么又叫"斜玉旁"，理解"玩"字，也明白了"珍珠、玛瑙"等汉字为什么也是王字旁了。

教学 过程 设计	⑤试着填一填。 春天来了，小蜗牛去小树林里（玩）。它（爬呀），（爬呀），好（久）才（爬回来）。小蜗牛从春天（爬）到夏天，从夏天（爬）到秋天，从秋天（爬）到冬天。冬天，（蘑菇）没有了，树叶（全）掉了，小蜗牛待在家里过冬了。 （3）小蜗牛爬过了四季，都发现了四季有什么不同的特点呢？ （学生结合插图认读四季景物的词语，如芽、草莓、蘑菇等） 设计意图：学习指向运用，运用是巩固知识的最好方式。通过填一填的方式，帮助学生理解运用所学汉字，感受"学以致用"的欣喜。 4.读儿歌，巩固识字 （1）出示儿歌。 春天到了，蜗牛醒了，小树发芽了。 夏天到了，树叶绿了，草莓也红了。 秋天到了，树叶黄了，蘑菇长大了。 冬天到了，树叶掉了，蘑菇没有了。 小蜗牛呀，呆在家里，安心过冬吧。 （2）学生起立做动作，读儿歌。 设计意图：根据低年级学生的有意注意时间短的生理特点，根据课文内容把文中的生字编成儿歌，把生字呈现在新的语境中。学生站起来做着动作读儿歌的过程，既缓解了学生的身体疲劳，重新吸引了学生注意力，又帮助学生复习巩固了生字。 （三）观察发现，指导书写 （1）出示"对、妈"两个字，学生认读。 （2）观察两个生字，有什么发现？ （引导发现两个字都是左右结构的字，而且都是左窄右宽） （3）指导书写。 ①仔细观察，"对"字在书写时要注意些什么呢？ ②观察"妈"字在田字格中的位置，与之前学过的"马"字进行对比，发现汉字书写的避让原则。 ③跟随笔顺书空练习。 ④练习书写，评议反馈。 （四）总结所学 这节课我们跟随小蜗牛走进有趣的童话故事，认识了许多生字朋友！回家后，同学们可以把自己认识的字读给家人听一听
板书 设计	小蜗牛 小蜗牛爬呀，爬呀，好久才爬回来。 春天　小树发芽 夏天　树叶碧绿，长着草莓 秋天　树叶变黄，长着蘑菇 冬天　树叶全掉了，地上盖着雪

续 表

练习设计	我会读，我会写。
	
	   mā ma duì huí
	（ ）总是（ ）我说："上课要认真听讲，（ ）答问题要先举手，课间玩耍
	       quán
	注意安（ ）。"

集中识字

"月"字家族

夏沁雨

课题	"月"字家族	课型		识字课
设计说明	引领学生自主、合作、探究性识字，形式多样，创设学生喜欢的教学方法，激发他们的识字兴趣。根据生字的不同特点，依托图片和故事进行识字教学，符合汉字识字和语文学习的基本规律，符合学生的学习心理，符合教材的编排特点。"月"是常见部首，但"月"做部首与做独体字的意义是大不相同的，因此为了让学生能够充分理解月字部，识记更多相关联的汉字，需要对"月"字进行集中识字教学设计			
教学目标	1.图文对照，了解月与月字部字形来源，提高识字的准确率。 2.通过"肉"与"月"的关联信息，激发学生的识字兴趣，引导学生用科学的识字方法识记汉字			
教学重点	理解月部字形来源，利用字形特点来理解识记汉字			
教学难点	引导学生通过想象和图片识记偏旁和生字			
教学准备	教师准备：月有关古诗句，课件，小视频。 学生准备：搜集有关月的诗句，小故事			
课时安排	一课时			

教学 过程 设计	（一）创设情境，聚焦字形来源 （1）古文中形容月亮的一个字有：月，饼，皎，爱，梦，兔。（出示相关古诗句） （2）创设情境，课件展示"月"字的演变过程，让学生看图猜字。中国的汉字是多么形象生动，富有趣味。"月亮"读音为：[yuè] [liang]。 （3）古文字的月是象形字，就是月亮不圆时的形状。甲骨文、金文像月牙形，小篆字形稍变，隶书定位"月"，本义为月亮，引申为形状像月亮那样圆的、时间单位等。  甲骨文　　篆书　　隶书　　楷书 **设计意图**：月从古至今都引发人的想象，具有神秘的色彩，获得了众多文人墨客的赞美，古人善于用月来寄托情感，因此导入引用名家诗句，利用情境将"月"字演变过程与月相结合，激发学生的学习兴趣，增长月文化知识。 （二）由独向合，深化识字层次 （1）理解"月字旁"和"肉月旁"。 作为部首，称月部。因多在字的左边，又称月字旁。有些字左边的"月"是"肉"的变体，称肉月旁。  月字　　　　　肉字 **设计意图**：了解了月字的来历和文化内涵，作为部首又给学生带来了新的感知。通过"肉"的演变引发学生求知欲，学生知道了月字做偏旁的大部分汉字都是与"肉"相关的。 （2）学习"月"字做部首。 作为部首，月和肉经过长时间的字形演变，都归为同一个字形部首——月字部。"肉"在左边做偏旁时与月字同一写法，这一类汉字是月字旁的大多数；"肉"在下部月的撇变成竖，字形较宽扁，如"臂""肩""脊"；也有少数保持"肉"的原形态，如"腐、禽"。

续 表

教学过程设计	设计意图：通过对比，学生知道了"月"做部首的几种形态，以及书写需注意的事项，举一反三，理解"月"部的汉字。 （三）归类识字，扩充识字容量 （1）与月相、时间有关的，如朗、朦胧、朔、期。 （2）指人和动物的肢体、器官等，如臂、腿、脚、脸。 （3）指肉体、后代、生育等，如胚、胎、胞、育。 （4）指肥瘦、病变等，如肥、胖、肿、胀。 （5）指有关肉食方面的，如脍、膳、腊、腌。 设计意图：集中识字是要科学地理解字理，达到一字带多字，对理解汉字有很大的帮助。通过分类，学生可以认识更多相关的汉字。 （四）拓展知识，多维理解运用 （1）你还知道哪些跟月有关的汉字吗？说一说你的理解。 （2）预设："朋"字。 与货币有关。  甲骨文　　　金文　　　秦系简牍　　　楷书 象形。本义：古代货币单位。相传五贝为一朋（或说五贝为一系，两系为一朋）。 设计意图：学生将已有汉字经验与新学的"月"字部汉字知识关联，去理解更多的相关汉字意义。"朋"字是学生熟悉的汉字之一，根据学生需求拓展有关"朋"的小知识，将汉字文化融入每个细节中，让学生带着问题去思考，这样的汉字学习才更加有深度
板书设计	"月"字家族 与月有关：朗、朦胧、朔、期　　与肉有关：臂、腿、脚、脸
练习设计	（1）查找资料，再找出三个与月有关的汉字，了解字义。 （2）再积累月/肉旁的汉字。 （3）各小组做好资料准备，下节课进行交流分享

管弦丝竹巧识字

陈奕媚

课题	管弦丝竹巧识字	课型	识字课
设计说明	学生是教学的主体。趣味识字教学正是依据儿童的心理特征、认识规律，从生动、直观的形象思维入手创设教学过程，从而落实识字教学，带动语言训练，促进智力的发展和审美情趣的培养。因此，教师通过各种有趣的情景让学生在良好、愉悦的状态中学习成语，认读生字；让学生在轻松有趣的情境中识字，激发兴趣，巩固知识，增强参与的积极性		
教学目标	1.认识8个生字，会写4个字，根据汉字特点归类识形。 2.感受形声字偏旁表义的特点，激发学生主动识字的兴趣，提高学生认识事物的能力，激发学生对民族乐器的喜爱		
教学重点	认识生字箫、笙、钹、琵琶几个比较难记的字		
教学难点	认识8个生字，会写4个生字		
教学准备	教师准备：教学课件。 学生准备：生字卡片		
课时安排	一课时		

教学过程设计	（一）先声夺人，情境导入
	师：同学们，你们喜欢听音乐吗？在刚刚结束的"艺术节"中，老师看到了很多同学的表演视频，你们真是当之无愧的"小达人"呢！今天呢，老师给你们带来一首欢乐喜庆的民乐合奏。你们想听吗？（播放音乐）这首曲子好听吗？
	设计意图：联系学生的生活实际情境，展示本课的教学主题——通过认识各种乐器识字，扩充词汇量。
	师：这首曲子给我们展示了月夜宁静、祥和的气氛。这么好听的曲子，是哪些乐器演奏出来的呢？你都认识这些乐器吗？知不知道它们的名字呢？今天这节课，我们就来认识它们。（板书课题：管弦丝竹）
	师：今天老师就把这些乐器请到了我们的身边。
	（二）创设情境，归类识字
	1.材质助力，熟字识字
	PPT展示锣鼓声声，学习金字旁的"锣、钹"。
	师：第一位朋友呀，嗓门最大了，你看，它来了。
	师：（PPT出示图片：锣）你们知道它的名字吗？出示字卡读"锣"，这个字怎么记呢？
	（形声字识字法）
	师：你能用它组词吗？（敲锣打鼓、锣鼓、锣鼓喧天……）
	师：锣鼓喧天，好热闹啊！把另外一个嗓门大的朋友也吸引来了，它说自己比锣的嗓门大呢！（出示图片：钹）它叫什么名字呢？（出示字卡读钹，反复读，读准字音）
	师：这两个字有个共同的特点，你发现了吗？为什么都是金字旁呢？你还能说出一些金字旁的字吗？（镲、铃、铙、锣）
	师：你们能读出它们吗？你们想到什么方法记住它们呢？（生回答）
	设计意图：各种乐器的材质不同，音色不同，响度不同，依据材质对乐器进行归类，使识字更有针对性、更有趣味性。
	2.唢呐声声，联想识字
	师：还有一种乐器也是金属制成的，不但嗓门大，而且声音高亢，不信你们听。它是谁？（出示词卡"唢呐"）
	师：这两个字怎么记呢？
	生1："唢呐"的唢字跟"锁头"的锁长得很像，是形近字，我通过形近字认识了"唢呐"的"唢"字。"唢呐"的"呐"字也可以用同样的方法来记。
	师：说得真好！你能够联系学过的熟字来记忆生字词，这是识字的好方法呢！
	设计意图：结合"金字旁"展开识字联想，调动原有积累，将原来分散的单字进行归类，就像将散落的珍珠连成一条美丽的项链，完善了学生的知识体系。
	师：大家看，"口"字旁的字一般与声音或说话有关，你还知道哪些与"口"字旁相关的字吗？
	生回答：听、叶、呀、吧、呛、啼、咪、哨……

教学 过程 设计	师：同学们知道的"口字旁"的字还挺多的呢！真不错！这些字啊，大多都与口腔或声音有关，请大家注意观察，我们一起来读一读吧。 出示部分口字旁的字：听、叶、呀、吧、啼、咪、哨、唱、咬、叫、哗、喝、哪、啄、吓、吹、另、喊、啥、呢。 生认读。 **设计意图**：依据"金字旁"部分已习得的学习方法，尝试运用"口字旁"联想识字，思考"口字旁"的字与"口"的关系，将原来认识的生字词进行归类、总结和巩固，提高识字效率，减少遗忘。 3.竹字当头，字源识字 师：同学们，通过我们国家的传统乐器"唢呐"认识了很多口字旁的字，真不错。为了奖励大家，老师给大家讲一个关于乐器的成语故事吧。 出示成语故事：战国时期，齐宣王非常喜欢听人吹竽，而且喜欢许多人一起合奏给他听，所以他派人到处搜罗能吹善奏的乐工，组成了一支三百人的吹竽乐队。而那些被挑选入宫的乐师，有特别优厚的待遇。 当时，有一个游手好闲、不务正业的浪荡子弟，名叫南郭。他听说齐宣王有这种嗜好，就一心想混进那个乐队，便设法求见宣王，向他吹嘘自己是一名了不起的乐师，博得了宣王的欢心，把他编入了吹竽的乐师班里。可笑的是，这位南郭先生根本不会吹竽。每当乐队给齐宣王吹奏的时候，他就混在队伍里，学着别的乐工的样子，摇头晃脑，东摇西摆，装模作样地在那儿吹奏。因为他学得惟妙惟肖，又由于是几百人在一起吹奏，齐宣王也听不谁会谁不会。就这样，南郭混了好几年，不但没有露出一丝破绽，而且和别的乐工一样领到一份优厚的赏赐，过着舒适的生活。 后来，齐宣王死了，他儿子齐湣王继位，湣王同样爱听吹竽。只有一点不同，他不喜欢合奏，而喜欢乐师门一个个单独吹给他听。 南郭先生听到这个消息后，吓得浑身冒汗，整天提心吊胆的。心想，这回要露出马脚来了，丢饭碗是小事，要是落个欺君犯上的罪名就连脑袋也保不住了。所以，他趁湣王还没叫他演奏就赶紧溜走了。 师：故事好听吗？ 生（齐读）：好听。 **设计意图**：讲成语故事识字，提高识字趣味性，增强课堂的文化韵味。 师：故事当中的南郭先生没有真才实学却混在行家里充数，以次充好。老师还想考考大家，这个故事里提到了一种乐器，是什么呢？ 师："竽"，竽是一种簧管乐器，跟"笙"类似。 出示图片："竽""笙"，这些都是我国传统乐器。通过观察发现，这些乐器的材料不同，字形也不一样。像这种乐器，同学们都很熟悉。（出示笛子图片） 师：你们知道它叫什么名字吗？ **设计意图**：借助成语故事"滥竽充数"引出生字"竽"，引导学生观察"笙""笛"和"竽"的相同及不同之处，引导学生观察竹字头的字，解释竹字头

教学过程设计	字理，促进识字科学化。 读词卡：笛子，这个字为什么是竹字头呢？还有许多的乐器是竹子制成的，你们想见见它们吗？ 师出示箫、古筝图片，读词语箫、古筝。反复读，读准箫的读音。 师：这些字的共同特点是什么？ 师：你还能说出这样的带竹字头的字吗？ 4.弦声悠扬，字理识字 师：带竹字头的字，古筝和其他几种乐器特点不一样，大家看。 师：（出示图片，给学生看古筝）你发现它的特点了吗？（琴弦多） 师：因为弦多，所以是用来弹奏的，弹出来的曲子如行云流水，非常优美。像这样的乐器也很多。（出示琵琶、扬琴的图片） 师：你认识它们吗？出示词卡琵琶、扬琴。 师：这几个字都是什么特点？（王字头） 师：为什么都是王字头你知道吗？王字头表示琴弦的样子，是弦多的意思。古人形象地把乐器的样子表现在字形上，真是聪明呀！ 师：你知道扬琴是怎么演奏的吗？（扬起手臂做动作）在演奏扬琴的时候，使用小锤，扬起手臂，敲打着琴弦，所以扬是提手旁。 师："琵琶""瑟"等乐器也都是用同样的王字头来表示琴弦多的样子，你学会了吗？ **设计意图**：不同的偏旁部首代表着不同的含义，结合字理字形识字，能使学生将字形及字音认得更清、记得更牢。 （三）多种练习，加强认识 师：这下朋友们都到齐了，你们记住它们的名字了吗？老师来考考你们。 师出示词语卡片读，再出示生字卡片读。 师：同学们拿出准备好的字卡，看看今天这些字你会读了没有，自己读一读。给这些字分分类，观察这些字共同的特点是什么？ **设计意图**：学生自己动手制作生字卡片，老师展示精心制作的教具卡片，教与学的统一能够让同学们更加扎实地完成识字，将识字变成一次有趣的思维过程，提高学生的动手能力和思维能力。 （四）结束语 通过这节课的学习，相信同学们都已经认识了这10种乐器，了解这些乐器知识。 老师希望有朝一日能够听到同学们用这些乐器来演奏
板书设计	丝竹管弦巧识字 锣鼓　铜钹 唢呐 古筝　竽　笙　箫 扬琴　琵琶　瑟

练习设计	照样子填一填。 王——王字旁——（　）（　）（　）（　） 手——提手旁——（　）（　）（　）（　） 金——金字旁——（　）（　）（　）（　） 竹——竹字头——（　）（　）（　）（　）

“木”字家族

房蓓

课题	“木”字家族	课型	识字课
设计说明	汉字作为表意文字，拥有十分清晰的构字理据和形成规律。而现今的小学低段识字教学，或以机械记忆死记硬背，或以字形变化为导向设计口诀或游戏，大多忽略字义和字形、字音的结合，往往造成识字效率低下、学生错别字多、字词使用混乱等问题。因此，遵循汉字字理设计教学活动就成了提高低年段识字效率的关键。字理指导下的集中识字，以一个或两个部首作为引子介绍一连串相关的生字，旨在培养学生自主识记相关生字、准确使用字词的能力。基于此，本文以《木字家族》一课为例进行教学反思与分析，对字理指导的集中识字课堂模式进行探索。 集中识字课是对教材识字课的一项补充，力求在低年级阶段快速梳理出常用字3500字，通过有效串联做到使学生能认会读，以迅速提高学生的阅读量，从而进一步巩固识字成果。因此，选择集中识字的字例时，适度贴近教材进度，以学生在常规课中新学或常见的汉字入手，是一种有效的思路。 《木字家族》课例的授课背景源于第二届全国汉字人文教育联盟大会及教学研讨会的召开，课时为30分钟，授课对象是一年级新生。新入学的一年级学生识字量较少，识字水平参差不齐，如何让他们在一节集中识字课中有效识字？当时，他们刚刚学习过“木”字和“森”字，因此教师趁势选择学生熟悉的“木”为切入口，介绍一连串的常用字		
教学目标	1.认识本、末、果、丫、采、集等生字，理解字义，并了解它们和“木”的关系，能准确区分使用。 2.通过拼字游戏促使学生发现生活中木字旁的生字。 3.了解中国传统建筑文化中对木的巧妙运用，认识榫卯技艺，感受斗拱之美		
教学重点	认识本、末、果、丫、采、集等生字，理解字义，并了解它们和“木”的关系，能准确区分使用		
教学难点	通过拼字游戏促使学生发现生活中木字旁的生字		

续 表

教学准备	教师准备：课件、榫卯搭桥视频、字卡。 学生准备：无
课时安排	一课时
教学过程设计	（一）设置情境，激趣导入 （1）（出示木的甲骨文 ✸ ）师：老师带来了一位老朋友，同学们认识吗？你是怎么认出它是"木"的？ （2）出示一棵树的图片，和甲骨文进行对比讲解：上半部分是树的枝丫，下半部分是树的根。 （3）师：今天木先生带来了他的一大家子，咱们一起去认识认识吧！ （二）图文观察，识记生字 （1）（出示 ✸，生猜字）师：它和"木"很像，但是有一点不同，在下面的位置加了三个圆点（出示 ✸），它想让我们看向哪里？（树根）像这样标记出特别位置，让我们方便留意的，就是指示符号。后来为了书写简便，这三个点变成了一横，也就是"本"（出示 ✸），这个字原意是指树根，也指事物的根本和基础。（生组词） （2）师：指示符号在下是"本"，那换到上面呢？✸ 这个指示符想让我们看哪里？让我们看到树的顶上，树枝生长的尾巴也就是树梢，后来也指事物最后的部分，读"末"。一周的结尾叫什么？一学期的结尾叫什么？（生组词） （3）"本"和"末"是一组反义词，横在下是根，横在上是梢。本是基础，末是结尾。有一个成语叫"本末倒置"，本和末倒着放也就是说上下颠倒，顺序反了。 （4）（出示 ✸ ）师：在木的上面多了几个小圆圈，你们能猜出来这是什么字吗？树梢上结的就是果子。（生组词） （5）（出示 ✸ ）师：标红的是什么位置？你认出这个字了吗？这是树枝分叉的地方，所以这个字也表示分叉。（组词） （6）（出示树的简笔画）师：这四位亲戚该住哪儿呢？请同学上台送他们回家。（生贴字卡，师生评议字卡位置是否正确，再次复习四个字的意思） **设计意图**：一年级的学生记忆能力偏向图像，思维逻辑还处于具象阶段。在识字课堂中充分利用学生的生理特点，将事物图像和甲骨文进行对比，加深学生心中对于字形的理解，使学生在写字时能达到"用字形回忆实物，用实物限制字形"，可以有效唤醒图像记忆，减少错别字的概率。 （三）联想拼接，拓展识字 （1）师引导学生联想：还有哪些生字和"木"有关？（相机区分"禾"，出示禾的甲骨文 ✸ ）禾本身就是有独立字义的字，是禾苗在地里的样子，因此和木没有

教学过程设计	关联。一个是草本，一个是木本。 相机讲解"采"，出示甲骨文 。师：已知下半部就是结了果子的木，上面是一只手。果在下而手在上就是采。组词：采茶、采花、采蜜。而摘则是果在上而手在下。 相机讲解"集"，出示甲骨文 。师：木的上面是一只鸟，原意是指鸟在书上栖息，现在我们引申为像鸟那样聚在一起。组词：集合、收集、采集。 （2）师：以小组为单位进行拼字卡游戏，你能认出哪些字？（字卡：木字旁、奇、共、娄、主、乔、弟） 小组自由讨论，拼读字卡；上台展示，比一比哪个小组认得的多。 出示：椅、拱、楼、梯、柱、桥。 小老师带读，理解各个字义。 **设计意图：**"禾"往往因字形相近而被学生误认为和"木"相关，但是其指向的本意不同，衍生的会意字和形声字也和本意大为相关。"禾"是田里的庄稼，后造字"租""税""私"都和田地相关，先区分"禾"与"木"的本意，为今后理解其他生字奠定基础。"采"和"摘"是两个类似的动作，甚至结合在一起作"采摘"，但具体的使用场景又有不同，从甲骨文中得知"采"的手在上，动作路径是向上的，因此面对低矮的作物时使用"采"，如"采花""采茶"。与之对应地，摘的动作路径则是向下，如"摘苹果"。通过甲骨文的图示和动作的辅助理解，字理教学提高了学生使用生字的准确率。 （四）传承文化，多维理解 （1）师：简简单单的一个木，作用可大呢！现在我们见到的高大建筑都要用钢筋水泥来建造，可是聪明的古人只用木头，不用一个钉子，就能造出许多漂亮的建筑。 （出示榫卯造桥视频）像这样不用添加其他零件，只靠木头的拼接建造的工艺就叫榫卯。 （2）（出示故宫等古建筑上的斗拱照片）师：在古建筑中经常看到这样的造型，也是由榫卯的工艺做出来的。 （3）师：生活中，你还能从哪些地方看到和木有关的生字？发现了就用图画或问家长的方式记下来，比一比谁发现得最多
板书设计	"木"字家族 末 果 丫 本
练习设计	找一找，生活中还有哪些和"木"有关的字？

"牛"字家族

黄 丽

课题	"牛"字家族	课型	识字课
设计说明	本教学设计为《牛字家族》的集中识字课。 1.培养学生学习生字的兴趣，使学生积极发挥主观能动性。开课时，以形象有趣的图片呈现生字，为本节课认识生字打好基础。识字过程中，以各种形式展开学习，提高学生的学习积极性。 2.简单了解我国传统的祭祀文化，丰富汉字教学的文化内涵		
教学目标	1.通过字理识字、形声字特点识字等方法，认识"牟、牦、犇、牧、物、特、牡、牝、牯、犊、牦、牺、牲"13个生字。 2.简单了解我国传统的祭祀文化		
教学重点	通过字理识字、形声字特点识字等方法，认识"牟、牦、犇、牧、物、特、牡、牝、牯、犊、牦、牺、牲"13个生字		
教学难点	通过字理识字、形声字特点识字等方法，认识"牟、牦、犇、牧、物、特、牡、牝、牯、犊、牦、牺、牲"13个生字		
教学准备	教师准备：字卡，PPT。 学生准备：字卡		
课时安排	一课时		
教学过程设计	（一）猜一猜，导入新课 （1）PPT出示"牛"字的甲骨文图片 ，请学生细心观察，猜一猜这是什么字。 （2）接着出示金文的"牛"字 ，请学生试着将这一字说出来。		

续 表

教学 过程 设计	（3）师：小朋友们都有一双发现的眼睛，知道这个生字是"牛"。其中"牛"这一生字有一个长期的演变过程，我们一起来看看。（出示"牛"的演变过程） （4）师：汉字是不是非常神奇？今天让我们一起来和"牛"交个朋友，去跟它认识新的小伙伴吧！ **设计意图：**以图片的形式导入"牛"，激发学生学习的兴趣。 （二）说一说，认识生字 1.老师继续考学生的眼力 （1）师：请你看图片 ✪ 。 （2）学生根据自己的观察说图片是什么字。 （3）师评析：牟（mōu），"牛鸣也。从牛，象其声气从口出"。 2.看图猜字 （1）师：请你看图片 ✻ 。 （2）学生根据自己的观察说图片是什么字。 （3）师评析：牪（yàn），牛伴。 3.看图识字 （1）师：请你看图片 ✻ 。 （2）学生根据自己的观察说图片是什么字。 （3）师评析："犇（bēn）"是"奔"的异体字。隶书异体字"犇" 犇 用三牛 牛 会义，表示惊慌之中牛群齐奔。造字本义：动词，惊牛群奔。古籍多以"奔"代替"犇"。 4.师小结 师：通过观察图片我们认识了"牟""牪""犇"三个生字，并且知道它们的意思。 **设计意图：**出示金文牟、牪、犇的图片，使学生更直观地认识这几个字，并知道其意思。 （三）拼一拼，再识生字 （1）师：同学们，"牛"作为偏旁时，它也有很多好朋友，有谁想到了？ （2）生自由说：物、特、牡…… （3）学生自由构字。 ①学生用课前准备的字卡拼一拼，发现生字宝宝（其中所构的生字必须含有牛偏旁构件）。 ②请两名学生将自己的成果展示到黑板上，同时说说自己对所构生字的理解。 ③师重点指导认识"牧""犊""牺""牲"4个生字。 ④介绍"牧""犊"的字理知识。 "牺牲"作名词，古指祭祀或祭拜用品。供祭祀用的纯色全体牲畜；供盟誓、宴享用的牲畜。（播放视频） 识字游戏，检查识字的效果。

教学过程设计	设计意图：充分发挥学生的主动性，让学生说出牛偏旁的字。同时在学习生字之余，通过播放关于"牺牲"字理知识的视频，让学生既巩固了学习的生字又了解了生字所蕴含的文化，可谓一举两得。 （四）课堂小结 师：今天我们认识"牛"家族里的12个朋友，通过字理、形声字的方法去认识生字，同学们可以在以后的学习中再去看看"牛"家族里还有哪些朋友还没有出现
板书设计	牛字家族 牟　牰　犇 牧　　　物 　　　　特 牡　　ψ（牛）　　牝 犊　　　牦 牯　牺　牲
练习设计	（1）读一读，认一认。 牟（　）　犇（　）　物（　）　牡（　）　牯（　）　牦（　） 牲（　）　牰（　）　牧（　）　特（　）　牝（　）　犊（　） （2）找一找含有"牛"的生字

用"手"巧识字

廖雪云

课题	用"手"巧识字	课型	识字课
设计说明	字理识字是运用字理进行识字的一种教学方法，是教育部推荐的七种主要识字方法之一。通过这种方法教会学生系统的识字方法，他们将会容易了解汉字的音、形、义并获得汉字文化的熏陶。这节课教师设计先从"手"字的字源来理解它的字形和字义，接着举一反三，由独向合，认识二年级下册生字中所有用"手"作偏旁的字		
教学目标	1.了解"手"字本义以及手字作偏旁有哪些形式。 2.采用科学识字的方法认识二年级下册生字中所有用"手"作偏旁的字		
教学重点	采用科学识字方法认识二年级下册生字中所有用"手"作偏旁的字		
教学难点	掌握识字方法		
教学准备	教师准备：课件、生字卡片。 学生准备：收集认识的带有提手旁的字		
课时安排	一课时		
教学过程设计	（一）图文对照，聚焦字形来源 （1）师：先请小朋友们猜一猜，这是什么字？ 		

续表

猜出来了吗？是什么字呢？没错，是"手"字，师出示"手"字楷书。手字金文是象形字，像人的手，向上的分支表示五个手指头，下部是手臂。它的本义就是人的手，引申为手持着，如"人手一册"。又引申指人体上肢，如"手脑并用"。又引申为手艺、亲手，如"手书"，进而引申为专精某一技艺或专司某业的人，如"能手""神枪手"。再引申作量词，如"为大家露一手"。

设计意图： 了解"手"字的字形来源以及它的本义和引申义。

（2）齐读词语：手艺、手书、人手一册、手脑并用、能手、神枪手、露一手。

（二）由独向合，深化识字层次

（1）师："手"作为偏旁，楷书有几种写法，第一种是在字左边时，多数简作"扌"，称作"提手旁"。小朋友们认识哪些带有提手旁的字呢？

（2）师：老师给大家找来了新的朋友。

①结合字理识字：抑、捣、拯。出示演变图片，认读，组词。

②看图识字：揪耳朵、挎篮子、挠痒痒。认识"揪、挎、挠"。

③猜一猜这三个字的音和义——"拘、拒、扳"，给这三个形声字组词。

④开火车认读生字：抑、捣、拯、揪、挎、挠、拘、拒、扳。

师：你能发现这些字有什么特点吗？（形声字，左形右声）

（3）"手"作为偏旁，有少数的或在上部时，"手"的竖勾变成了"丿"，如拜、掰、看，认识"拜、掰"两个字。

（4）"手"在字底时多数不变，如拿、掌、攀、拳，学习"攀、拳"。

（5）"手"在字底时少数简作"横横竖"，学习举、奉。

（6）小结："手"在合体字中作意符，所从字与手、手臂或其动作等义有关。

设计意图： 第二环节是这节课的重点，分类让学生认识这一本书中所有用"手"字作偏旁的字。"手"字作偏旁，在楷书中有多种写法，"手"字在合体字中作意符，所从字与手、手臂或其动作等义有关。这个环节可以引导学生努力去发现生字与生字之间的关联，引导学生渐渐构建出一个属于自己的汉字记忆系统。

（三）读儿歌，提高区分能力

排排队，挽挽袖，轻轻拧开水龙头；

先湿手，打肥皂，手心相对搓一搓，掌心正对揉一揉；

手指交叉搓手背，十指交错擦擦掌，扣实小手扭一扭；

教学
过程
设计

教学过程设计	拇指为轴转转手，换手攥紧小拳头； 手成小铲掌心划，轮流完成六步骤，洗得细菌无处躲； 捧水三洗水龙头，龙头拧紧擦干手； 好习惯，每天做，身体健康乐呵呵。 （1）读儿歌，边读边圈出表示手、手臂或与手有关动作的字。 （2）边读边做动作，学会正确洗手。 **设计意图**：语文教学活动是人类生活的一部分，离开生活的教学活动是不存在的。疫情期间，学生在朗朗上口的儿歌中学会了正确的洗手方法，通过边读儿歌边做动作能很快找出儿歌中用"手"作偏旁的字，通过做动作很快能理解字义，学生也非常喜欢这种寓教于乐的方式。 （四）趣味游戏，巩固识字 （1）小猴子过河：认读词语"笑容可掬、抑制、拯救、揪耳朵、挎篮子、挠痒痒、无拘无束、拒绝、扳手、拜见、掰开、拿手、攀登、跆拳道"。 （2）同桌合作，我读你指，我指你读，认识这节课学会的生字。 （五）拓展延伸 （1）师：人类依靠自己勤劳的双手创造了美丽的世界，创造了卓越的文明。（再次出示手字的演变过程） （2）师：细心的小朋友们有没有发现甲骨文里没有手字，那么古人是用什么符号来表示手呢？ 原来呀，古人是用又字表示的。看，又的甲骨文是象形字，像右手的形状。古人以三表示多，股画三指代表五指，向下伸展的一笔是手臂。又字本义是右手，后来"右"取代了本义，就多假借作虚词。  （3）"又"作为偏旁，其楷书有以下形式——𠂇、又、彐、肀，在合体字中作意符，所从字与手、收的动作等义有关，如"取、兼、支（攴）、事"，但是楷书中有些简体字的"又"是代替繁难偏旁的简化符号，与"又"的音义无关，如"圣、对、权、鸡、难"

续　表

板书设计	用"手"巧识字
	金文　　小篆　　隶书　　楷书
	抑、掬、拯、揪、挎、挠、拘、拒、扳 拿、掌、攀、拳 举、奉 拜、掰、看
练习设计	读下面的词语，并选择三个以上词语写一段话。 饶痒痒　手掌　揪耳朵　拳头　举手　拿起

"鸟"和"隹"

秦 政

课题	"鸟"和"隹"	课型	识字课
设计说明	识字是阅读和写作的基础,识字能力、水平的高低直接影响阅读和写作的水平。由于儿童的学习兴趣对识字效果起着支配作用,所以在挖掘汉字固有因素的基础上,要调动他们的参与意识和进取探究的热情,使学习气氛活跃起来,让学生学得轻松愉快,记得牢固扎实。由此,在轻松愉快的情境中联系生活实际对汉字进行记忆对低年级学生进行识字教学来说是势在必行的。教师把识字教学过程的设计作为重点,巧妙地为不同学生提供了各种层次、各种需要的探究问题,做到教学既集中又分散,达到收放自如、生动活泼的效果。本课的学习范围很明确,就是鸟字旁和隹字旁两个偏旁的集中识字,教师从汉字的起源、汉字的演变、汉字背后的小故事、汉字书法作品欣赏、汉字在生活中的运用这几个方面来巧妙设计教学过程		
教学目标	1.学会4个生字"鸥、鹃、雕、雁"。 2.认识新特殊偏旁"隹",进一步了解象形字、形声字的构字特点。 3.能对带"鸟"和"隹"字旁的字进行归类,培养良好的识字习惯。 4.激发学生学习汉字的兴趣,提高学生识字能力,培养学生热爱祖国语言文字的思想感情		
教学重点	区别"鸟、隹"两个偏旁所表示的不同含义		
教学难点	能对带"鸟"和"隹"字旁的字进行归类,培养良好的识字习惯		
教学准备	教师准备:图片,课件。 学生准备:写字本		
课时安排	一课时		

教学 过程 设计	**（一）字形演变，聚焦来源** 看图学偏旁"鸟"，观察象形字。（指着鸟图）问：这是什么？你们知道这个字表示什么意思吗？ 课件出示相关内容：鸟，象形文字。"鸟"字的甲骨文，起初就像一只鸟，金文像长尾飞禽，描画了飞禽的喙、羽、爪。造字本义：长尾飞禽。 **设计意图：**渗透字理蕴含的文化，让汉字直观化。 **（二）由独向合，引出多字** （1）激趣谈话：今天老师给大家带来几个朋友，（出示"鸟的王国"视频）认得它们吗？哪位小朋友来和它们打声招呼？ （2）（板书课题）师：今天就让我们一起走进鸟类的王国。 （3）归纳识字，渗透字理蕴含的文化。 学习第一行词语：乌鸦、海鸥、杜鹃。 （4）小结：带有鸟字旁的字一般都与鸟有关。我们还学过哪些带有"鸟"的字？ （5）出示图片+词语：麻雀、老雕、大雁，引导学生说出这几种鸟类的名称，并去发现为什么没有鸟字旁，而是都有一个共同的部首隹字旁。 （6）了解"隹"字部的演变过程。 课件出示"隹"：zhuī，早期甲骨文，像喙利翼长的鸟，因飞行极快和善于袭击，常被猎人饲养为捕猎助手，用于追击地面小型走兽目标。造字本义：猎鹰。 在鸟的脚爪位置加"十"（"又"的变形，即"手"）另造"隼"代替，表示栖在猎人手上的捕猎猛禽。在现代，我们还认为隹字旁的鸟类表示短尾巴的鸟。 （7）小结：现在我们知道鸟可以用不同的偏旁表示。 **（三）故事叙述，区别识字** （1）出示乌鸦和孔雀的图片，质疑：孔雀尾巴那么长那么美，为什么是隹字旁边呢？ 课件出示参考资料内容：隹zhuī甲骨文字形，鸟形。《说文解字》："鸟之短尾之总名也。"与"鸟"同源。"隹"是汉字的一个部首，从"隹"的字与禽类有关。 学生讨论汇报，孔雀尾部上方的是覆羽，不是尾巴，大多数人都误以为孔雀是长尾巴的。 （2）了解"乌"字："乌"表示鸟的羽毛是黑色，启发学生讲一讲课前搜集的对乌鸦的了解。 教师补充"乌鸦反哺"的故事，教育学生孝敬父母。 **（四）趣味游戏，补充识字** 游戏一：创作转盘 教师出示课件"转盘"，删去雕字左边部分偏旁，更换成"堆"字，鼓励学生更换偏旁，转成新字并组词。 例如：谁、推、唯、准、焦、售、崔、集、难、雅…… **设计意图：**偏旁找朋友有意识地将许多零散的信息单元整合成一个更有意义的信息单位，促进记忆。

教学 过程 设计	游戏二：成语挑战王 看谁能说出更多关于鸟的成语，小组里说一说再在班级汇报探讨。 **设计意图**：这个环节采取比较发现、提出质疑、共同探究的学习方式，根据低年级学生的年龄特征和认知规律设计有趣的挑战赛事，真实、鲜活的情境能拉近教师与学生的距离，激活学生的思维。识字游戏并非只重在乐学，补充识字才是最终的目的，让学生在愉快的游戏活动中巩固识字。教师采用自主、互动、汇报的学习活动方式，在学习过程中分步骤、有针对性地进行检查，指导落实识字。 （五）联系生活，理解运用 1.师总结 同学们，鸟的王国里还有许多的鸟，今天我们认识的鸟朋友只是带有"鸟"字旁和"隹"字旁这两个家族的。希望同学们课后多收集资料，多查字典，看谁能认识更多的带有这两个偏旁的生字，真正成为鸟朋友喜欢的好学的好朋友。 2.拓展运用 设计护益鸟广告牌，列举出多种带有鸟字旁的鸟类名
板书 设计	有趣的偏旁"鸟"和"隹" 鸟——乌鸦 海鸥 杜鹃 ⎫ 　　　　　　　　　　⎬ 都和鸟有关 隹——麻雀 老雕 大雁 ⎭
练习 设计	（1）收集带有"鸟"字旁和"隹"字旁的字和关于鸟的成语。 （2）设计保护益鸟广告牌，列举出多种带有鸟字旁的鸟类名

藏在节气里的汉字

秦 政

课题	藏在节气里的汉字	课型		识字课
设计说明	引导学生了解二十四节气，在自然的润泽下感受大自然的奥秘和汉字之美。启兴趣，识字理，导任务，基于汉字构形文化的识字活动体验，对识字内容进一步拓展，丰富学生知识储备，融合各种学科知识的整体设计			
教学目标	1.学会5个生字"春、年、禾、雨、虫"。 2.通过学习《节气歌》了解二十四节气。 3.通过列举"木"字旁的字，使学生感知带"木"字旁的字多与植物有关。 4.掌握"木"字旁的写法及在不同位置的书写差异。 5.激发学生学习汉字的兴趣，提高学生识字能力，培养学生热爱祖国语言文字的思想感情			
教学重点	感知带"木"字旁的字多与植物有关，掌握"木"在不同位置的书写			
教学难点	初步理解汉字背后的节气文化，系统化集中识字，拓展识字量			
教学准备	教师准备：视频、课件、书签。 学生准备：字帖			
课时安排	一课时			

教学过程设计	（一）故事导入，激发兴趣
	（1）观看解说节气由来的视频。提问：节气是怎么来的？请你带着问题观看视频。
	二十四节气是上古农耕文明的产物，它最初是依据斗转星移制定的，为了指导农业生产不耽误时节，聪明的古人还编制了朗朗上口的《节气歌》。
	设计意图：视频导入，声像并茂，激发学生兴趣。
	（2）学生朗读《节气歌》。
	            春雨惊春清谷天，夏满芒夏暑相连。
	            秋处露秋寒霜降，冬雪雪冬小大寒。			

续 表

为了便于记忆，劳动人民在每个节气各取一个字，按照时间顺序组成了这首歌诀。

（二）字源字理，集中识字

（1）出示带古诗的节气图片，学生借助图片和古诗猜一猜哪个字是哪一个节气。教师相机介绍相关节气。

设计意图：通过具体的图景，学生能初步感知节气特点。古诗渗透既降低猜测的难度，又使节气教学融合国学经典。

（2）学生说说现在是什么节气，讨论自己最喜欢的节气。

（3）出示春、年、禾、雨、虫的甲骨文，学生猜一猜是什么字，并写到对应的节气里。

春	雨	年	虫	禾

（4）讲解"春"的演变。

①课件出示参考资料内容："春"由来——由"日""艸"（草）和"屯"组成，其中"屯"像一颗正破土而出的嫩芽，表示太阳回归，大地升温，草木和嫩芽生长，春回大地。

字源演变：　　　　　　　　　　　　　chūn

甲骨文	金文	篆书	隶书	楷书

金文各部件位置发生了较大的变化，声符"屯"移到了中间。小篆基本上同于金文，只是"屯"的曲笔朝右拐。到了楷书，"草"和"屯"发生了较大的伪变，成了"夫"。

②我能为"春"组词。学生了解春的演变过程，为"春"组词。

学习"木"字旁。

师：通过刚才的"春"字的学习，我们知道春季草、木都在生长。木，是树类植物的通称，因此带"木"字旁的字大多是植物。让我们一起学习"木"字旁。

教学
过程
设计

教学过程设计	**设计意图**：由一个字的学习走向一类字的学习，通过总结含"木"的字的特点，使学生获得识字的方法。 （5）出示各种树木的图片，学生看图说字（柏、桦、杨、树、枝、楼、框、桌、林），视频演示木字的由来，小知识拓展了解与木相关的成语。 （三）拓展学习，写字教学 1."木"字风暴 学生尽量列举带"木"字旁的生字。教师相机将生字板书在黑板上。 2."枝"写字教学 （1）师：仔细观察"枝"字，它的左右两边位置大小有何不同？（学生交流） （2）师小结：木字在左形窄长，横画变短轻上扬，一竖穿横要偏右，斜捺变点垂下方。 （3）师范写：横画起笔在横中线上面一点，竖画偏右，竖的收笔要有力，右边的横和左边差不多高，竖稍长，撇要伸到点的下面，一捺要舒展。 （4）学生练习书写"枝"。 （5）作品展评。 **设计意图**：通过"枝""桌"两个典型字的写字教学，学生明白木字旁、木字底的书写特点。接着由扶到放，学生将所学规律推广到其他木字旁汉字，进行自由练写，内化规律。 3."桌"写字教学 （1）学生观察结构。桌是上下结构的字，写时要"上窄下宽"，而木要写的扁而胖。 （2）教师小结要领：木字做底横要长，一竖垂露摆中央，上短下长要写正，撇捺对称同横宽。 （3）教师范写，学生在字帖上描红书写，并进行展评。 4.拓展练写 学生自由练写"李""朵""机""树""林"。 （四）联系生活，制作书签 学生可以绘制节气里代表植物的书签，题上植物名，也可以为书签配上相关诗句。 **设计意图**：根据低年级学生的年龄特征设计书签制作活动，真实、鲜活的情境能激活学生的思维，使学生综合运用书写、绘画能力，加深其对传统节气的兴趣，并能运用"木"字旁的书写技巧
板书设计	节气里的汉字 "木" ：枝 林 ┐木 ：桌 朵 ┘木
练习设计	制作节气书签，为书签配上相关诗句

"包"字家族

双莉华

课题	"包"字家族	课型	识字课
设计说明	"包"字是基础字，是构成其他汉字的重要部件之一。依据形声字构成规律和学生认知规律，通过教学汉字"包"，引出与之相关联的一串汉字，让学生在学习"包"字的过程中建构一个以"包"字为中心的汉字系统框架。引导学生在今后的学习中有意识地将相关联的汉字纳入既有的汉字系统，增强学生的自主识字能力，提高其识字教学效率		
教学目标	1.了解"包"字的演变过程及其基本含义和引申义。 2.借助形声字构字规律，学习常见的、"包"作为构字部件的汉字：抱、饱、胞、苞、刨、孢、龅、雹、炮、跑、泡等。 3.自编"包"字族儿歌，识记、理解"包"字族汉字		
教学重点	认识包字，根据包的本意以及形声字构字规律，理解认识更多的"包"字族汉字		
教学难点	自编"包"字族儿歌，学习运用字族的方式学习更多的汉字		
教学准备	教师准备：教学PPT。 学生准备：搜寻与"包"有关的汉字		
课时安排	一课时		
教学过程设计	（一）观察图画，聚焦字源 （1）同学们，你们知道自己出生前在妈妈肚子里的样子吗？ 		

续　表

	里面这个就是出生前的小宝宝，外面的这一圈就是小宝宝在妈妈肚子里住的小房子，叫子宫。 古人根据准妈妈腹中有胎儿的样子创造了一个字，大家猜猜是什么字？你们想不想知道这个字最早是什么样的？ （2）包字的演变。 ①包字的甲骨文是什么样的呢？ 包字的甲骨文： ②包字的演变过程： 　　　　 甲骨文　　小篆　　楷书 包字最开始的形状就是一个小人被包裹住了，和胎儿住在妈妈子宫里的样子很像。后来，在人们使用的过程中，笔画发生了变化，楷书的这个包字右上部分为人的腹部的变形，左下部分就是指胎儿。这两部分组合在一起，表示包的含义为腹中胎儿。 （3）小结："包"字由两部分组成，其最早的含义也是由这两部分的意思合在一起构成的，它是会意字。有很多汉字中含有"包"这个部件。这些含有包字的字怎样读，又是什么意思呢？接下来，我们就一起去了解"包"字家族的成员吧。 **设计意图：**"生活即教学"。将生活资源与识字活动融通起来，既可以帮助学生理解和运用汉字，又可以增强学生学习汉字的兴趣和动机。"包"字的含义在使用过程中虽然发生了变化，但它的字形演变过程能帮助学生直观地理解它的含义。了解了"包"的含义，就能更好地理解一串含有"包"这个部件的字的意思。 （二）联系词语，深化理解 包字是常用的字，你知道哪些带有"包"字的词语？ （1）读一读这三组词语，想一想，这些词语你在生活中是不是会经常用到？请你选择其中的一个词语说一句话。 ①书包、背包、红包。 ②沙包、包子。 ③包裹、包装、包着、包扎。 （2）这三组词语中的包字意思一样吗？（第一组是用来包裹、装东西的物体；第二组是指里面包着东西的事物；第三组是表示用东西来包裹某种物品）
教学 过程 设计	

	（3）大家一定发现了，现在的"包"字不再是腹中有胎儿的意思了，它的含义变成了包装、包裹，而这个"胞"表示腹中有胎儿了。现在，你知道双胞胎、一母同胞、祖国同胞的意思吗？ **设计意图**：教学一定要在学生已有的认知水平基础上进行。通过把学生七嘴八舌告知的含有包字的词语分类列出来，引导学生发现不同，有意识地区分包字在不同词语中的不同含义。 （三）包作部件，引出多字 （1）包字除了单独使用，还常常作为构字部件出现。大家知道含有包的字都有哪些吗？ （2）连一连，写一写：根据偏旁写出汉字。 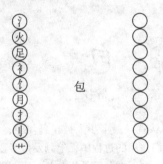 （3）这些汉字与"包"字有什么联系呢？ "泡"表示把东西放进水中，水把东西包裹住了。"抱"表示用怀抱把一个人或一样事物包住。花苞的"苞"字就是指花托把花瓣裹住…… （4）小结：你看，这些汉字中的"包"字不仅表示读音，还表示字义呢。以后，遇到含有"包"这个部件的汉字，我们就可以借助"包"的读音，结合它的偏旁来猜一猜它的字音和字义了。 （5）编"包"字族文，巩固识字。 刚才我们了解了"包"字族汉字的特点，你能不能选择其中的一个字，编一句儿歌向同学们介绍这个字呢？ 例如：有饭能吃饱， 有水把茶泡， 有足快快跑， 有手轻轻抱， 有衣穿长袍， 有火放鞭炮。 **设计意图**：依据形声字声旁表音、形旁表义的构字特点，让学生借助这一特点进行包字族汉字儿歌的创编，有助于学生建立字族概念，并根据字族识字的特点，学习按照字族特点整理学过的汉字，并在编写儿歌的过程中发展语言。

教学过程设计

教学过程设计	（五）小结 今天，我们通过"包"字认识了很多含有"包"的字，如果你能把这样的识字方法用到今后的识字活动中去，那么你就是一个识字高手了
板书设计	"包"字家族 　　　　　　　　　　┌─古代指腹中有胎儿 　　　　　┌本义┤ 　　　包┤　　　└现在指包裹 　　　　　└包：胞、跑、泡、饱、抱、苞、炮、疤……
练习设计	创编"包"字族儿歌

"火"字家族

双莉华

课题	"火"字家族	课型	识字课
设计说明			
教学目标			
教学重点			
教学难点			
教学准备			
课时安排			
教学过程设计			

课题	"火"字家族	课型	识字课
设计说明	"火"字是基础字。依据汉字构成规律和学生认知规律，通过教学一个汉字，让学生在学习这一个汉字的过程中建构汉字系统框架，提高识字教学效率		
教学目标	1.了解"火"字的演变过程及其基本含义和引申义。 2.借助形声字构字规律，学习常见的、火作为构字部件的汉字，如烫、燥、煲、烧、炖、炸、炙、炎、炒、爆、焖；四点底的字（与火相关），如煎、煮、蒸、熬、焦		
教学重点	认识火字，学习"烫、燥、煲、烧、炖、炸、炙、炎、炒、爆、焖、煎、煮、蒸、熬、焦"等火字旁（灬）的字，了解形声字构字规律		
教学难点	学习运用构字规律识字		
教学准备	教师准备：教学PPT。 学生准备：搜寻与"火"有关的汉字		
课时安排	一课时		
教学过程设计	（一）观察图画，聚焦字源 （1）同学们，老师这里有三幅特别的图画，这三幅图画其实表示了三个字，大家猜猜它们会是什么字呢？ （出示日、月、水三个字的甲骨文）		

续 表

教学 过程 设计	（2）火字的演变。 ①火字的甲骨文是什么样的呢？试着画一下。 火字的甲骨文： ②火字的演变过程：  甲骨文　　　金文　　　小篆　　　楷书 火字最开始的形状长得像火苗，后来在人们使用的过程中笔画发生了变化，最后变成了今天的样子。 （3）小结：我们的祖先为了把"日、月、水、火"等事物记录下来，就把它们的形状刻画在龟甲、兽骨上，我们称之为甲骨文，甲骨文是最早的汉字。后来，在使用过程中，甲骨文的形状慢慢发生了变化，变成了今天我们所看到的汉字。 设计意图：通过展示"日、月、水、火"等汉字的甲骨文，让学生直观地感知汉字的象形特点，激发学生了解汉字的兴趣。 （二）联系词语，深化理解 （1）（出示火焰动态图）看到这幅火焰图，想象一下自己走近正在燃烧的物体，你仿佛看到了什么，听到了什么，感受到了什么？ （2）火字是常用汉字之一，你积累了哪些带有"火"字的词语？ （3）读一读这三组词语，想一想，这些词语你在生活中是不是会经常用到，请你选择其中的一个词语说一句话。 ①火焰、火花、火光、火球、灯火。 ②火速、十万火急、火烧眉毛、心急火燎。 ③发火、怒火、火冒三丈。 （4）这三组词语中的火字意思一样吗？（第一组是指本义，指物体燃烧产生的火焰；第二组是形容情况紧急；第三组是形容生气、发怒） （5）小结：火字最初只有它本身的含义，即指物体燃烧产生的火焰。后来，人们用火来表示、形容一些与火本义有关联的事物，因此火就有了引申义。比如火速，就是像火燃烧那样迅速，以此来形容情况紧急。有的人生气的时候脸涨得红红的，好像在燃烧，就可以用"发火"来形容。火字还有哪些含义呢？同学们课后可以去探究、去发现。 设计意图：学生处在母语环境中，其在课堂之外吸收、积累的字词要比我们预想的多很多。在识字教学中，创设条件帮助学生调取生活经验，以便学生更好地运用所

积累的字词。

（三）由独向合，引出多字

（1）火字除了单独使用，还常常作为偏旁部首出现。大家知道的火字旁的字有哪些？

（2）读一读这些字。你能给这些字分分类吗？你是按照什么进行分类的？

①出示汉字：烫、燥、煲、烧、炖、炸、炙、炎、炒、爆。

②根据火字旁的位置，可分为火字在字的左边、火字在字的下面。

③根据汉字的构成方式，可分为会意字和形声字。

（3）小结：炎和炙是会意字，两个火表示非常热，炙上面是月字，月古时表示肉，下面是火字，意思就是用火烤肉，也指烤熟了的肉。烫、燥、煲、烧、炖、炸、炒和爆都是形声字。形声字由形旁和声旁组成，形旁表示这个字的大概意思，声旁告诉我们这个字的大概读音。学习形声字时，我们要善于利用形声字形旁表义、声旁表音的特点来识记它们。

（4）请你读一读这些常见的汉字，你曾经在哪些词语中看到过它们？

设计意图： 形声字占据汉字总数80%以上，其很多形旁都是由象形字担当的。在教学象形字时，教学内容不应仅仅局限于象形字本身，而应在认识了解音、形、义的基础上，把教学内容顺势拓展到以它为形旁的相关汉字，扩充学生的识字量，提高识字教学效率。

（四）趣味游戏，补充识字

（1）火是我们生活中不可缺少的事物。人们利用火制作了各种各样的美食，让我们的生活更加有滋有味。这些美食，你叫得出它们的名字吗？试着把美食图片与相应的名称连起来。

（2）这些美食名字中都藏着美食的制作方法，请把它找出来。

炖、烤、爆、烧、炒、炸、焖、煎、煮、蒸

（3）猜一猜，"煎、煮、蒸"下面的四点底表示什么意思？

这些字下面的四点底也是火的意思，这类字还有熬、焦、烹等。但有的字下面的四点底就不是表示火了，如："燕""羔"等字下面的四点底是表示尾巴。

（4）读一读这些字，说说制作哪些食物时需要用到这些方法。（可适时补充煲、熬等字）

（5）这些食物制作方法，我们统称为烹饪方法。烹即煮，饪即熟，烹饪就是把食物煮熟。

设计意图： 在了解了常见的与火相关的汉字后，通过游戏活动的方式引导学生对这些汉字进行梳理和归纳，建立火字旁的汉字系统

教学
过程
设计

续 表

板书设计	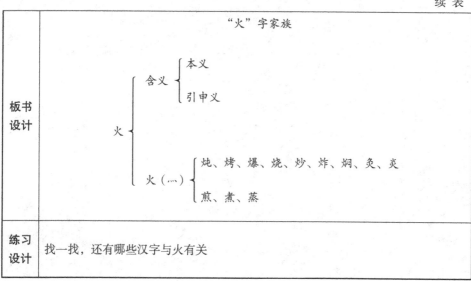
练习设计	找一找，还有哪些汉字与火有关